진심으로 산다

HONNE DE IKIRU
Copyright © 2015 Takafumi Horie
All rights reserved.
Original Japanese edition published by SB Creative Corp.
Korean translation rights © 2016 by BIBIMBOOKS
Korean translation rights arranged with SB Creative Corp., Tokyo
through Botong Agency, Seoul, Korea

이 책의 한국어판 저작권은 Botong Agency를 통한 저작권자와의 독점 계약으로 비빔북스가 소유합니다.
신 저작권법에 의하여 한국 내에서 보호를 받는 저작물이므로 무단전재와 무단복제를 금합니다.

단 한순간도 후회 없이 사는 굳건한 삶

진심으로 산다

●

호리에 다카후미 지음
류두진 옮김

시작하며

《진심으로 살다》라는 제목으로 책을 써달라는 의뢰를 받았을 때, 솔직히 뭔가 딱 떠오르는 생각이 별로 없었다.

'진심으로 살다.'라……
오히려 어째서 진심을 말하지 않는지, 어째서 진심으로 살아갈 수 없는지 나는 이해가 잘 안 되었기 때문이다.

'실패하기 싫으니 하지 않는다.'
'나중에 뭔가 안 좋은 소리를 들을 것 같으니 말하지 않는다.'
'미움받기 싫으니 태클 걸지 않는다.'

그런다고 무슨 좋은 일이 생긴다는 말인가?

여러분도 알고 있겠지만, 세상만사는 '좋은지 나쁜지', '0인지 100인지'로 딱 나누어떨어지는 법이 없다. 설령 그때 의견이 조금 어긋났다고 해서 상대방까지 싫어지는 것도 아니고, 실패했다고 해서 미래까지 영원히 실패가 이어지는 것도 아니다.

그렇다면 우선 말하고 싶은 것을 말하고, 하고 싶은 것을 하는 편이 훨씬 좋지 않을까?

자신에게 멋대로 한계선을 긋는 사람도 있다.

'시간이 없으니 할 수 없다.', '촌구석에 있으니 할 수 없다.'

나는 이런 말도 이해가 되지 않는다.

스마트폰이나 그 밖의 다른 디바이스가 발달한 지금은 어떻게든 할 방법이 있기 때문이다.

하느냐, 하지 않느냐. 단지 그뿐이다.

번지점프를 떠올려 보자.

TV에서 연예인들이 "못 뛰겠어요, 너무 싫어요!"라면서 주저앉아 펑펑 우는 모습을 자주 볼 수 있는데, 확실히 말해서 번지점프는 누구나 할 수 있다. 그저 뛰기만 하면 된다.

세상일 대부분은 번지점프와 마찬가지다. '할 수 없다.'고 생각할 뿐이지 막상 해 보면 누구나 할 수 있다. 오히려 본능적인 공포가 없는 만큼 번지점프보다 훨씬 쉽게 할 수 있을지도 모른다.

나는 항상 내가 생각하는 것에 대해서 솔직해지려고 했다.

하고 싶은 것은 하고 싶다고 하고, 상대방의 생각이 틀린 것 같으면 "저는 다르게 생각합니다."라고 전했다. 내가 교도소에 수감되었던 이유도 하지 않은 일에 대해 "그렇게 했습니다."라고 말하지 않았기 때문이다. 물론 이제는 다 지난 일이지만 말이다.

어리석은 방식일 수는 있었겠지만, 후회는 하지 않는다. 앞으로도 어중간하게 살아갈 생각은 눈곱만큼도 없다.

자, 당신은 진심으로 살고 있는가?
자신이 생각한 것을 전하고, 자신이 진심으로 하고 싶은 것에 몰두하며, 자신의 마음을 정면으로 마주 대하고 있는가?

시간은 누구에게나 유한하다.
지금 앞날이 불안하다고 꽁무니를 빼고 있다면, 임기응변식의 변명은 그만두고 지금 바로 한 발짝이라도 앞을 향해 움직이는 편이 낫다.
확실하게 자신의 두 발로 인생을 개척해 나가고 싶다면, 그리고 누군가에게 자기 인생의 결정권을 건네주고 싶지 않다면 말이다.

이 책에서는 당신이 가장 쉽게 '뛰어내릴 수' 있게끔 도울 이야기를 들려줄 생각이다. 그나마도 지극히 당연한 내용이 대부분이다.

나는 항상 누구나 할 수 있는 것만 말한다. 그리고 대체로 내 말을 실천하는지에 따라서 훗날의 결과가 크게 달라진다.

이제 번지점프의 줄을 건네줄 것이다. 그리고 뛰어내릴지 말지는 당신에게 달려 있다.

이 책을 읽고 자신에게 필요한 것을 깨닫게 된다면 이 책은 분명 더는 필요가 없어질 것이다. 그것이 이 책이 바라는 도달점이다.

모쪼록 이 책이 당신 스스로 미래를 개척해 나가는 데 조금이라도 힌트가 될 수 있다면 바랄 나위 없겠다.

2015년 11월
호리에 다카후미

【호리에 다카후미의 진심】

하지만 역시 '진심을 말할 수 없다.', '하고 싶은 것을 할 수 없다.'고 생각하는 사람에게는 이 책이 '못마땅하게' 여겨질 구석도 있다. 말하고 싶은 것은 말하면 되고, 하고 싶으면 하면 된다. 진정으로 하고 싶거나 초조해한다면 진즉에 움직이고 있을 테니 이런 책을 읽고 있을 형편도 아닐 것이다. 이 책에서 하는 말은 좀 지나친 면도 있으며, 쓸데없는 참견이라고 여겨질 수도 있다. 뭐, 후딱 읽고 깨달음을 얻었다면 '이 책은 던져 버리자.' 정도로 생각하고 읽는 편이 역시 가장 좋을 것 같다.

차례

시작하며 4

서장 어째서 진심으로 살아갈 수 없는가? ··········15

어째서 진심을 말할 수 없는가? 16
▶▶ 어릴 적부터 진심을 말해 왔던 나

진심을 말한다고 뭐가 나쁜가? 21
▶▶ 호리에 씨! 직장에서 진심을 말하면 안 되나요?
▶▶ '원피스'적인 친해지기보다
    자립한 사람들끼리의 관계를 지향하라
▶▶ 남의 사정은 '내버려 둬라'
▶▶ 의논은 평행선을 달려도 좋다

제1장 변명은 하지 마라 ·····················39

변명은 하지 마라 40
▶▶ '돈이 없다'는 변명은 무의미하다
▶▶ 의욕만 있다면 돈은 관계없다
▶▶ 돈이 얼마나 있어야 시작할 수 있는가?

▶▶ '시간이 없어서 할 수 없다'는

현상 유지를 택한 것일 뿐

▶▶ '내게는 재능이 없다', '평범하니까 할 수 없다'라고

말하는 것은 '지금 이대로 괜찮다'고

말하는 것과 마찬가지다

▶▶ '방법' 같은 건 애초에 없다

▶▶ '나는 아무것도 할 수 없다'는 생각은 금물

'리스크(risk)를 생각하면 할 수 없다'의 진실 59

▶▶ 정말로 하고 싶다면 '리스크'를 따지지 마라

'할 수 없는 이유'를 따지지 마라 64

▶▶ 해 보지 않으면 '자신감'은 생기지 않는다

▶▶ '변명'으로 자신을 지키는 사람들

제2장 균형을 맞추지 마라 ⋯⋯⋯⋯⋯⋯⋯⋯⋯⋯⋯73

▶▶ 균형 따위는 맞추지 않아도 된다

▶▶ 몰두하기 위해 필요한 것

▶▶ 안정된 일이나 인간관계 따위는 존재하지 않는다

▶▶ '고독이 불안하다'고 결혼에 매달려서는 안 된다

흑백사고의 틀에서 벗어나라 83

제3장 진심으로 살아갈 수 없는 이유는 '자의식'과 '자존심' 때문이다 ······················89

다들 자존심이 너무 강하다 90
▶▶ '자존심'이 없어야 모두에게서 사랑받는다
▶▶ '두려운 상대'는 자기 자존심이 만들어 내고 있다

'약삭빠른 자'는 되지 마라 100
▶▶ 자존심 없는 바보가 가장 강하다
▶▶ 네코 히로시는 어째서 캄보디아에서 뛰었는가?
▶▶ 흐름을 잘 타서 기회를 잡아라
▶▶ 상식에 얽매여 있으면 버디를 잡을 수 없다
▶▶ 실현 가능성 따위를 따지지 마라

제4장 모든 것을 최적화하라 ······························122

자신의 시간은 자기만의 것 123

모든 시간을 '최적화'하라 126
▶▶ '최적화'를 반복함으로써 할 수 있는 것이 늘어간다
▶▶ 쓸데없는 부분이 없는지를 항상 되물어라
▶▶ 30초로 끝나는 메일은 바로 답변하고,
  5분으로 끝나는 일은 모두 정리하라
▶▶ 현실에서의 커뮤니케이션은 필요한가?

▶▶ 커뮤니케이션 효율화

　― 일본에서 우버가 유행하는 이유

▶▶ 수면 시간을 줄여도 쓸 수 있는 시간은 늘지 않는다

자투리 시간을 '최적화'하라　142

▶▶ '자투리 시간'을 철저하게 활용하자

▶▶ 스마트폰이 자투리 시간을 '가치 있는 시간'으로 바꾼다

▶▶ 자투리 시간은 5~10분짜리 업무를 보는 시간

▶▶ 달리기에 '러닝머신'이 좋은 이유

자신만의 특기(핵심 가치)에 시간을 투자하라　151

▶▶ 잘하는 사람에게 외주를 맡겨라

▶▶ '핵심 가치'를 압축해 내면,

　해야 할 일만 하면 되는 환경을 만들 수 있다

▶▶ 하고 싶은 것을 점차 해 가다 보면

　'자신의 핵심 가치'를 찾을 수 있다

최단 거리로 배워라　162

▶▶ 공부에 쓸데없는 시간을 들이지 마라

▶▶ 체계적으로 배우려고 하지 마라

▶▶ 무엇을 배워야 하는지는

　그때가 되지 않으면 알 수 없다

▶▶ 정보는 외우는 것이 아니라 온몸으로 맞는 것

▶▶ 가치는 '아이디어'가 아닌 '실행력'에 있다

▶▶ 정보의 양이 질을 만든다

▶▶ 많은 정보를 접함으로써 정보 감별사가 될 수 있다

▶▶ 정보를 외우지 마라!

▶▶ 대량으로 출력하고 '스스로 생각하기'를 반복하라

▶▶ 인간관계의 신진대사를 도모하라

'지금 바로 하는 것'이야말로 최대의 최적화 191

▶▶ 극한까지 바쁘게 하라

▶▶ 장기적인 비전 따위는 무의미하다

제5장 진심으로 살기 위해 필요한 것··················198

▶▶ 도전을 위한 허들이 낮아졌다

▶▶ 남이 하고 있는 것을 철저하게 따라 하고 개선하라

▶▶ '주고, 주고, 또 주는 것'이 중요하다

▶▶ 가치의 지표는 실사용자의 수

▶▶ 의욕만 있다면 정치가도 될 수 있다

▶▶ AI의 발전은 오히려 환영할 일이다

▶▶ 새로운 근무 방식과 학습 방식을 실현하라

마치며 221
참고 문헌 223

진심으로 산다

•

서장

어째서 진심으로 살아갈 수 없는가?

어째서
진심을 말할 수 없는가?

"상사가 말하는 것이 불합리하다고는 생각하는데, 제 의견을 말하지 못한 채 잠자코 따르고 있습니다."

"친구와 이야기하는 것이 실은 고역입니다. 똑같은 화젯거리로 분위기가 무르익은 척 맞춰 주지 않으면 나중에 뭔가 뒷말을 들을 것 같아서 하는 수 없이 맞춰 주고 있지요."

"회사를 그만두고 싶지만 이직할 곳도 없어서 그만두겠다는 말을 꺼내지 못하고 있습니다."

세상이든, 소셜 미디어든, 내가 운영하는 메일 매거진의 Q&A 코너든, 이렇게 상담도 불평도 아닌 고민거리가 넘쳐나고 있다. 아무래도 세상에는 말하고 싶은 것을 말하지 못하고, 하고 싶은 것을 하지 못하는 사람이 산더미처럼 많은 모양이다. 하지만 나는 사람들의 이런 생각을 좀처럼 이해할 수 없다.

어째서 생각한 것을 말하지 못하는지를 도무지 알 수가 없다.

오히려 마음속으로 '왜? 그냥 말해 버리면 되는 건데!' 하며 이상하다고 생각한다.

기껏 책을 펼쳤더니 느닷없이 이런 말이나 해서 실망했을지도 모르겠다.

하지만 "저도 진심을 말할 수 없습니다!" 같은 사람들만 잔뜩 모여 있다면 도대체 무슨 발전이 있겠는가? 이런 나이기 때문에 전해줄 수 있는 말이 있으리라 생각한다.

▶▶▶ 어릴 적부터 진심을 말해 왔던 나

나는 어렸을 때부터 부모에게든 친구에게든 말하고 싶은 것을 계속 말해 왔다. 어머니는 자기가 옳다 싶으면 무리해서라도 밀어붙이는 스타일이었기 때문에 격렬한 충돌이 빈번하게 일어났다. 사소한 일로 말다툼을 하다가 한밤중에 집에서 쫓겨난 적도 있다. 그럴 때 근처 카페 앞에 웅크리고 앉아 있다 보면 지나가던 대학생이 집까지 데려다주곤 했다.

하지만 집에서 쫓겨난 정도의 일로 말하고 싶은 것을 말하지 않게 되었던 적은 없었다. 뒷문 자물쇠를 미리 열어 둔다든지, 2층 창문으로 숨어들어오기 위한 사다리를 준비해 두는 식으로 쫓겨날 대비를 해 두면서까지 나는 말하고 싶은 것을 계속 말해 왔다. '라이브도어 사건' 때도 그랬다. 진심을 말하지 않고 표면상으로만 떳떳한 태도를 보인다는 선택지는 내게 없었다.

나는 진심을 말하지 않고 있는 것이 너무나 기분 나쁘다. 사실 진심을 말하지 않는 사람을 보는 것도 너무나 기분이 나쁘다.

그런 기분 나쁨을 극한까지 압축해 놓은 것이 전 TBS 아나운서 고지마 게이코의 소설 《나의 신》에서 묘사한 세계다. 겉으로는 화려한 방송국의 이면에서 여자 아나운서들이 펼치는 인간 군상을 그린 작품인데, 질투와 발목 잡기, 뒷담화가 퍼레이드처럼 펼쳐져서 읽다 보면 정말이지 구역질이 날 정도다.

모두가 동경하는 방송국 아나운서 세계이기 때문에 추잡함을 어느 정도 응축시켜 표현했겠지만, 인터넷에 떠도는 푸념을 통해서도 그런 기분 나쁨이 직장이나 학교 등 곳곳에 만연해 있다는 것이 훤히 보인다.

어째서 다들 생각한 것을 그대로 말하지 않을까? 좋은 것이든 나쁜 것이든 일단 말하고 나면 그 나름대로 이야기를 풀어나갈 수 있을 텐데 말이다.

그렇다면 어떻게 진심으로 살아갈 수 있을까?
나는 다음 세 가지가 중요한 것 같다.

1. 변명하지 않을 것
2. 균형을 맞추려고 하지 않을 것
3. '자의식'과 '자존심'을 버릴 것

이어서 계속 설명하겠다.

진심을 말한다고
뭐가 나쁜가?

애초에 진심을 말한다고 뭐가 나쁜 걸까?

말하고 싶은 것을 말하면 자기가 있을 곳이 없어진 다든지, 직장 상사에게서 미움받고 일자리를 잃는다든지, 동료에게서 험담을 당해 기분이 상한다든지, 그런 것일까?

나는 여태까지 진심을 말한 것이 나쁘다고 생각했던 적은 단 한 번도 없다. 구치소에서는 죄를 인정하면 집행유예로 풀려난다는 말을 들었지만, '하지 않은 것은 하지 않았다.'라고 내 생각을 말했다는 이유로 교도소 신세를 졌다. 하지만 '거짓말을 하지 않았을 뿐'이지 더 나빠진 일은 아무것도 없었다. 그것도 이제는 다 지난 일이다.

물론 말하면 안 되는 것과 말해도 되는 것은 구별하고 있다.

예를 들면, 처음 보는 사람에 대해 마음속으로 '호박같이 생겼다.'고 생각해도 그런 것은 말하지 않는다. 별로 가고 싶지 않은, 사적으로 어울리는 모임 자리에 갔다고 해도 상대방이 즐거워하고 있으면 '재미없다.'고 말하지 않고 나름대로 즐거워하기 위해 노력한다. 싫어하는 것을 당하지 않는 이상 그 사람을 비난하는 일은 없으며, 말하지 않아도 될 것을 말하거나 하지는 않는다.

그렇게 최소한의 예의에서 벗어나지 않는다면 생각

한 것은 말해도 된다.

'진심을 말하면 나쁜 일이 생긴다.'라는 생각은 오히려 선입견이 아닐까?

▶▶ 호리에 씨! 직장에서 진심을 말하면 안 되나요?

'진심을 말하면 인간관계가 나빠져서 직장에 발붙일 수 없게 된다.'

그런 선입견을 품고 있는 사람이 부지기수로 많다.

하지만 그렇지 않다. 오늘날 우리나라에서 진심을 말했다는 것 정도로 직원을 해고하는 회사는 흔하게 존재하지 않는다. 동료에게서 험담을 당했다면 상대방과 직접 얼굴을 마주하고 "험담하지 마세요."라고 확실히 말하기만 하면 끝나는 이야기다.

그런다고 당신에게 무슨 손해가 생긴다는 말인가?

말하고 싶은 것을 말하면 '직장에서 겉돌게 된다.'고

말하는 사람도 있다. 그래서 뭐가 문제란 말인가?

직장 동료로 인정받으면서 자리에 잘 녹아들든, 잘 어울리지 못하고 겉돌든, 업무 수행과는 아무런 관계도 없다. 나는 오히려 반대로, 찰떡같이 붙어 지내는 동아리 같은 무리가 훨씬 불편하다. 직장에서는 해야 할 일을 하면 그만이다.

상사가 말하는 것이 불합리하다면 무엇이 불합리한지를 확실히 지적해라.

상사에게 뭔가 한 소리 들으면 위축되는 사람도 있는데, 사실 반격을 당했을 때 귀찮아지는 것은 상사 쪽이다. 자기보다 더 높은 상사에게 관리 능력에 문제가 있다고 여겨지거나, 부하로부터 신망이 없다고 알려지는 것을 원치 않기 때문이다. 요즘 시대에는 소셜 미디어에서 뭔가 구설에 오르내리면 자기 자리가 위태롭다는 계산도 있을 것이다.

그러니 상사에게 말하고 싶은 것이 있다면 그때그

때 말해라. 체면을 신경 쓰는 상사라면 부하로부터 올라오는 압력에 짓눌리지 않기 위해 상냥해질지도 모른다. 물론 경영자 처지에서 보면 불편할 수는 있지만, 말하고 싶은 것을 말했다고 종업원을 자르는 식으로 행동하기란 지금의 우리 사회에서는 쉽지 않은 일이다.

나는 라이브도어를 경영할 때 직장 분위기를 '나와는 관계없는 것'이라고 여겼다.

내가 창업주라는 절대적인 존재였다는 이유도 있었겠지만, 누군가가 대충대충 일하고 있어도 결과만 제대로 나온다면 문제는 없으니 그렇게 번거로운 부분까지 관여하려고 하지는 않았다. 바로 이런 것이다.

직장 관계는 '반쯤 건조한' 관계가 딱 적당하다. **업무상으로는 상대방을 위해 최선을 다하지만, 서로 의존하지 않는 거리감이 가장 좋다.** 나는 가족적인 경영 같은 식의 말이 솔직히 좋은 느낌으로 와 닿지 않는다.

'회사와 한 몸이 되어 같은 목표 의식으로 업무에 매진하자.' 같은 식으로 호소하더라도 이야기가 복잡해지면 이해하지 못하는 사람이 나온다. 차라리 방향은 다르더라도 결과만 제대로 나오면 그것으로 충분하다고 생각한다.

험담이나 따돌림은 업무의 목적에 전혀 부합하지 않는다. 그렇다면 그건 무시하면 된다. 불합리한 상사라도 시킨 대로 해서 결과만 제대로 나온다면 따르면 되는 것이고, 불합리한 상사 탓에 일이 잘 진척되지 않는다면 그건 확실히 말해야 한다. 망설이는 쪽이 이상하다.

그렇다면 상사 입장에서는 어떻게 해야 좋을까? 부하에게서 나온 의견이 합리적이라면 그 의견을 받아들이면 되지만, 그렇다고 부하에게 영합하는 것은 옳지 않다. 일이라는 것은 추진하고자 하는 의지를 가진 결정권자가 없으면 한 걸음도 진척되지 않는다. 이는 회사든 정치든 마찬가지다. 의논은 중요하고, 필요하다면 철저하게 해야 하지만 모든 사람을 계속 이해시켜 가면서 뭔가가 생겨나는 경우는 없다.

결국, 정말로 말하고 싶은 것이 있다면 말하면 된다. 싸움으로 번져도 상관없다. 오히려 그렇게 함으로써 상대방의 생각을 알 수 있고, 언젠가 서로 이해하는 날도 있으리라 생각한다.

대체로 말다툼의 발단은 사소한 데서 올 때가 많다. '상대방에게 무시당했다.'고 느껴서 분했지만, 사실은 상대방이 단순히 알아차리지 못했을 뿐일지도 모르고, 별 뜻 없이 단어 선택을 잘못한 것뿐일지도 모른다.

다만 서로 문자로 이야기하는 것은 좋지 않다. 어디까지나 얼굴을 마주 보고 의논해야 한다. 이것만큼은 지키는 편이 좋다.

▶▶▶ '원피스'적인 친해지기보다
자립한 사람들끼리의 관계를 지향하라

나는 《원피스(ONE PIECE)》라는 만화가 어디가 그렇게 재미있는지 잘 이해되지 않는다.

주인공 루피가 해적왕을 목표로 한다는 스토리는 흥미진진하다. 하지만 동료와의 일체감이야말로 가장 소중하다는 가치관을 나는 도저히 받아들일 수 없다.

보물을 찾는 것이 목적이었을 텐데, 어느새 동료와의 일체감 자체가 목적이 되어 버린다. '녀석은 동료니까.'라는 이유만으로, 침울해져서 의욕을 잃어버린 동료에게 언제까지고 계속 마음을 쓴다.

이런 식으로 서로 의지하는 관계는 정말이지 거북하다.

나는 어떤 때라도 '상대방에게 최선을 다하는 것'이 중요하다고 여기지만, 그것은 '친해지기'와는 다르다. **친해지기 위해서 주는 것이 아니라, 목적을 지닌 자들끼**

리 목적을 달성하기 위해 서로 주는 것이다.

누군가에게 의지하지 않고 자신의 두 발로 확실히 일어선다. 그렇게 일어선 사람들끼리 목적을 위해 관계한다. 나는 서로 찰떡같이 달라붙지 않는, 약간은 건조한 관계가 편하다.

가족처럼 집에 있는 듯한 느낌의 관계를 중시하는 경영자도 있지만, 나는 사양한다. 목적을 같이하는 동료와는 함께 일하고 싶지만, 반드시 그 이외의 부분까지 함께 하고 싶은 것은 아니다. 내가 사장이었을 때, 사내 회식에 참석하는 경우가 있었어도 어디까지나 업무상 '어울리기 위한' 범위였다.

예전에 막 창업했던 무렵에는 나와 가족같이 달라붙는 관계를 요구하는 직원들이 있어서 결국엔 아주 질려 버렸던 적이 있다. "문제가 생겼어요. 어떻게 좀 해 주세요, 호리에 씨!"라며 내가 마치 아버지라도 되는 것처럼 매달려 왔다. 그 직원들은 나와 편한 관계를 만드는 것이 목적이었겠지만, 나는 그저 내가 하고 싶은 것을 실현하기 위해 일했기 때문에 가치관이 맞을 리가 없었다.

물론 정말 곤란할 때는 누군가에게 상담하거나 도움을 요청하면 되지만, 의지하기만 하는 사람들 중에는 일방적으로 받으려고만 하고, 정작 자신은 아무것도 남에게 주려고 하지 않는 사람이 있다. 그런 식으로 남에게 의지하는 사람들은 나도 뿌리치게 된다. 물론 정말 좋아하는 여성이 의지해 온다면 이야기가 달라지겠지만 말이다.

자주적인 사람들이 목적을 실현하기 위해 손을 잡고, 서로 최선을 다하는 것. 이런 자세는 라이브도어 시절에도, 현재 운영하는 내 살롱에서도 달라지지 않았다.
'원피스'적인 세계관은 스스로 움직일 생각이 없는

사람이나, 상대방에게 최선을 다하지 않는 사람까지도 단지 '동료'라는 이유로 도와주려고 한다. 적어도 나한테는 그렇게 보인다. 그런 사람에게 미움을 받더라도 나는 전혀 개의치 않는다.

그리고 그런 마음가짐을 확실히 지켜 온 덕분에, 지금 내게는 함께 일하고 싶다는 사람, 함께 동료가 되고 싶다는 사람이 자연스럽게 모여들고 있다.

▶▶ 남의 사정은 '내버려 둬라'

당신은 함께 있어서 기쁘지도 않은 사람한테까지 호감을 사려고 하지 않는가?

예를 들면, 앞서 언급했던 《나의 신》에 나오는 등장인물들은 시기와 질투 등 쓸데없는 짓만 하고 있다. 그런 사람들과는 누구라도 '사이가 좋아졌으면.' 하고 생각하지 않을 것이다.

남의 사정 따위는 내버려 두면 된다.

베스트셀러가 된 《미움받을 용기》(인플루엔셜, 2014)를 읽어 보았는가? 일반인을 대상으로 아들러 심리학을 소개한 책인데, 인간관계에 있어서도 뛰어난 통찰이 담겨 있다.
예를 들면, 이런 내용이다.

'타인의 기대를 만족시키기 위해 살지 말라.'는 것.
'자신의 과제와 타인의 과제를 분리하라.'는 것.

누군가가 당신에 관해 어떻게 생각하든지 그건 당신의 문제가 아닌 상대방의 문제다.
타인이 누구를 미워하고 무슨 생각을 하든지 그건 당신의 인생과 관계없는 것이다.
한시라도 빨리 그것을 깨닫고 '내버려 둘' 것.
'상대방이 자신을 어떻게 생각하는지'와 같은 생각

에 휘말려 정작 자기 인생에 소홀해진다니, 정말로 안타까운 일이다.

▶▶ 의논은 평행선을 달려도 좋다

그렇다고 해도 우리가 갖고 있는 의논을 피하는 경향, 아니 전원이 똑같은 의견이어야만 한다는 강박관념은 도대체 무엇일까?

나는 이제까지 다양한 사람들과 대담을 해 왔다. 개중에는 의견이 맞지 않는 사람도 있었고, 의논이 전혀 되지 않았던 사람도 있다.

예를 들면, 승려이자 소설가인 세토우치 자쿠초 씨가 그렇다.

세토우치 씨와 나는 일하는 스타일이나 사생관이 공통적인 면도 많다. 특히나 90세를 넘긴 나이에 교토에서 도쿄까지 당일치기 출장을 다니는 세토우치 씨의 활력에는 솔직히 감복한다. 하지만 원자력 발전소에 관한 의견은 전혀 맞아떨어지지 않았다. (대담의 내용은 우리 두 사람의 공저 《죽는 게 어떤 겁니까?》에 수록되어 있다.)

나는 원전의 존재를 일단 인정한 후에 더 좋은 선택지를 골라야 한다는 의견이다. 원전을 가동하지 않으면 화력 발전에 의한 대기 오염이 지금보다 늘어날 것이며, 무리하게 절전을 시행하다가 열사병으로 죽는 사람이 늘어날지도 모른다고 주장했다. 경제가 안 좋아지면 자살률이 높아지고 불행한 사람이 증가하는 법이다.

이에 대해 세토우치 씨의 주장은 '생활 수준보다 생명이 중요하다.'고 하니 의논이 순조롭게 될 리가 없다. 그러나 원전에 관한 의논 중에 의견이 일치하지 않았다고 해서 세토우치 씨에 대한 존경심이 줄어드는 것은 아니다.

'서로 가치관이 다르다는 사실을 이해한다.'는 것은 매우 중요하다. 아무 생각 없이 이해한 척하고 끝내는 것과 설령 자신의 가치관과 다르더라도 확실히 상대방의 의견을 들어두는 것 중에 과연 어느 쪽이 '상대방을 이해하는' 데 도움이 될까?

비록 제대로 된 의논이 되지 못한 채 싸움만 되었다고 해도 남과 의논하는 것이 무의미하다고는 생각하지 않는다. 나는 의견이 일치하지 않았다는 이유로 그 사람을 싫어한다거나 하지는 않는다. 의견이 일치하지 않는 것과 상대방을 싫어하는 것은 애초에 전혀 다른 별개의 문제다.

그래서 나는 대담뿐만이 아니라 소셜 미디어에서도 적극적으로 남과 서로 부딪치려고 한다. 그 사람이 싫어서라든지 인격을 부정하려는 것이 아니다. 다른 의견을 지닌 사람들끼리 서로 부딪침으로써 새로운 발견이 생겨나기 때문이다.

그런데도 '의논은 일치하지 않으면 의미가 없다.', '의견이 일치하지 않는다.=상대방을 싫어한다.'라고 생각하는 사람이 얼마나 많은가?

'We agree to disagree(우리는 서로 이해하지 못한다는 사실을 서로 이해했다).'면 족하다. '가치관이나 의견이 다르다.'라는 사실을 이해하는 것이 중요하다.

그런데도 테두리 속에 있고 싶어 하는 사람은 자신의 의견을 말하지 않고 주변의 분위기만을 살피며 모두와 의견을 맞추고자 한다.

만약 의견이 다른 사람이 있으면 자신들의 테두리 밖으로 전력으로 밀어내려고 한다. 의견이 다르다는 이유만으로 인격부터 인간성, 삶에 이르기까지 모든 것을 부정하기 위해서 기를 쓴다. 저명인사들은 특히나 지지자나 팬들에게 외면당하지 않기 위해 자신에게 붙여진 딱지에서 벗어난 의견이 새어 나오지 않게끔 행동하는 사람이 많다.

어째서 그렇게 디지털식으로 매사를 따지려고 드는가? 본래 인간이란 흑·백으로 나뉜 디지털적인 존재가 아닌 다채로운 그러데이션으로 구성되어 있는데도 말이다.

주변의 '분위기'나 동조하라는 압력이 신경 쓰여도 어쩔 수 없다. 동조하라는 압력을 걸어오는 녀석들도 기분 나쁘지만, 그런 것이 신경 쓰여 동조하는 것도 마찬가지로 기분이 나쁘다.
같은 테두리 안의 멤버에게서 미움받는다고 해서 불안해할 손해 따위는 존재하지 않는다.

● 서장의 키워드 ●

*타인의 사정은
내버려 둬라!*

진심으로 산다

•

제1장

변명은 하지 마라

변명은
하지 마라

 진심으로 살기 위해서라면 일단 '변명을 하지 말아야' 한다.

 내가 운영하는 메일 매거진를 포함해 갖가지 경로로 다른 사람들로부터 상담 의뢰를 받는 경우가 많은데, 기껏 답변해 줘도 '하지만 ○○해서 그렇게는 할 수 없다.'는 식의 반응이 꽤 된다.

 그런 '하지만'이 자기 자신을 옭아매고 있다는 사실을 깨닫지 못하는 걸까?

특히 당신이 이런 변명을 하고 있다면 지금 당장 그만두어야 한다.
- 돈이 없어서
- 시간이 없어서
- 평범해서, 혹은 재능이 없어서
- 방법을 몰라서

▶▶▶ '돈이 없다'는 변명은 무의미하다

'돈이 없어서 ○○할 수 없다.'는 말은 정말 숱하게 듣는 변명이다.

지금 회사를 그만둔다면 수입이 없어지니 그만둘 수 없다. 지역을 떠나면 일자리가 없으니 떠날 수 없다. 창업하고 싶지만, 돈이 없어서 할 수 없다…….

다들 도대체 얼마만큼 돈이 좋다는 걸까?

최근 들어 사람들은 나를 '황금만능주의의 화신'처럼 다루는데, 그런 내가 봐도 이 세상은 너무나 돈에 사로잡혀 있다.

우리는 어렸을 때부터 '뭔가를 하려면 돈이 필요하니 착실히 저금을 해 두자.'라는 주입식 교육을 받으며 자란다. 저금을 마치 미덕인 것처럼 배우는데, 뒤집어 말해 돈이 없으면 아무것도 할 수 없다는 의식이 주입되고 있는 셈이기도 하다.

그렇게 생각하는 이유는 돈의 본질을 이해하지 못하고 있기 때문이다.

돈이란 원래 가치를 교환하기 위해 사용하는 단순한 도구에 불과하지 돈 자체에 가치가 있는 것은 아니다.

물물 교환으로 거래할 때는 서로 갖고 있는 물건이 자신이 원하는 것인지를 확인할 필요가 있다. 그러기 위해서는 긴밀하게 커뮤니케이션을 교환하면서 자신이 원하는 것을 갖고 있는 상대방이 신용하기에 충분한 사람인지를 확인하게 된다.

결국, 거래되는 가치란 '신용'이다. 거래 상대가 여태까지 약속을 완수해 왔는지, 주변 사람들에게 성실한 태도를 보여 왔는지가 축적되어 신용을 만든다. 그리고 신용이 있는 사람일수록 큰 거래를 할 수 있게 된다.

돈은 신용이라는 복잡한 존재를 단순한 수치로 반영시킨 도구다. 신용의 한 측면이기는 해도 신용 그 자체는 아니다. 거듭 강조하지만 중요한 것은 신용이지 돈이 아니다.

이 점을 제대로 이해했다면 '돈이 없어서 ○○할 수 없다.'는 것이 이유가 되지 못한다는 사실을 깨달았을 것이다. 돈이 편리한 도구이기는 하지만, 없어도 타개책은 얼마든지 있다.

레스토랑에서 외식할 돈이 없다면 지인에게 식사를 얻어먹으면 된다. 아니면 친구끼리 저렴한 식재료를 사 가지고 모여서 전골 요리 파티를 연다면 얼마나 즐겁겠는가?

창업할 돈이 없고, 은행에서 대출을 받지도 못한다면 부모나 친구에게 돈을 빌리면 될 일이다. 그게 안 되는 사람은 돈이 아닌 신용이 부족한 셈이다.

그러니 우선 저금해야 하는 것은 돈이 아닌 신용이다. 남에게 뭔가 부탁을 받았다면 기대에 부응하기 위해 전력을 다하자. 궁핍한 지인에게 식사를 대접하자. 그런 행위의 축적이 신용을 쌓는다. (더군다나 애초의 창업에 관한 금전적인 허들이 이제는 상당히 내려간다!)

▶▶▶ 의욕만 있다면 돈은 관계없다

돈이 수중에 없어도 의욕만 있으면 뭐든지 할 수 있다. 분야를 막론하고 그렇게 생각한다.

지금까지는 돈이 없으면 할 수 없다고 여겨지던 영역에서도 새롭게 도전하는 사람이 등장하고 있다.

예를 들자면, 대학에서 이루어지는 기초 연구가 그렇다.

실현될 전망이 어느 정도 보이는 응용 연구나 에너지처럼 국가 전략과 관련된 연구 영역에는 막대한 예산이 투입되어 산학 연계로 프로젝트가 진행된다.

그런데 지금 당장 무슨 도움이 될지 모르는 기초 연구는 정부에서 예산을 따내기가 어렵다. 연구자가 아무리 열의를 가지고 일해도 예산이 붙지 않으면 연구를 할 수 없다. 또 다른 측면으로는 대학 연구실에 보이지 않는 장벽 같은 것이 있어서 자기 마음대로 연구를 할 수 없는 경우도 있을 것이다.

그런 선입견을 깨부순 사람이 곰벌레 연구가인 호리카와 다이키 박사다.

곰벌레는 0.05~1.7mm 정도의 작은 생물이다. 형태는 진드기를 닮았는데(보기에 따라서는 이름처럼 곰같이도 보인다), 곤충류나 거미와 같은 절지동물문과는 전혀 다른 완보동물문에 속하는 생물이다. 고선량 방사선을 견디고, 극저온이나 건조 상태에서도 계속 생존할 수 있는 등 놀랄 만한 특징을 지니고 있는데, 생태에 관해서는 아직도 미스터리가 많이 남아 있다.

곰벌레에 흠뻑 빠진 호리카와 박사는 NASA나 프랑스 국립의학보건연구소, 파리 제5대학 등에서 연구를 계속해 왔다. 그 뒤로 학계를 떠났던 호리카와 박사는 정부나 기업에 연구비를 의지하지 않고, 자기 혼자서 연구 자금을 마련하는 길을 택했다. 최신 과학 이슈가 가득 담긴 유료 메일 매거진, 곰벌레를 형상화한 메신저 이모티콘, 곰벌레 관찰 키트 등 다양한 콘텐츠를 제작해서 자신이 하고 싶은 연구를 자유롭게 펼칠 환경을 만들어내고자 했다.

이처럼 정말로 하고 싶은 연구가 있고, 그 매력을 팬들에게 전해줄 수만 있다면 자유롭게 연구하는 것도 얼마든지 가능하다.

정부나 기업이 스폰서가 되어 주지 않아서 기초 연

구를 할 수 없다고 믿는 연구자가 있다면 그런 선입견을 버리기 바란다. 요즘에는 불특정 다수로부터 출자를 받는 크라우드 펀딩(crowd funding)을 통해 연구 자금을 마련하는 길도 있다.

▶▶ 돈이 얼마나 있어야 시작할 수 있는가?

게다가 지금 일본은 경제적인 면에서 보더라도 세계적으로 매우 혜택을 받고 있다는 사실을 잊어서는 안 된다. 음식점이나 편의점에서는 높은 시급으로 아르바이트를 모집하고 있다. 노동자를 착취한다는 소위 블랙 기업이나 블랙 아르바이트의 가혹한 업무가 사회적 이슈가 된 탓에, 싼 시급으로 가혹한 업무를 강요하는 기업은 시급을 올리거나 처우를 개선하지 않으면 아르바이트를 모집할 수 없도록 규제를 받기 때문이다.

어렵게 생각할 것 없이, 일해서 돈을 버는 수단은

얼마든지 있다. 최악의 경우에는 생활보장을 받는 방법도 생각해 볼 수 있다.

그러나 '돈이 없으니 할 수 없다.'고 말하는 사람은 대체 돈이 얼마나 있어야 자기가 하고 싶은 일을 할 수 있다는 말인가? 100만 엔? 1,000만 엔? 1억 엔? 결국은 돈 문제가 아니지 않은가.

▶▶▶ '시간이 없어서 할 수 없다'는 현상 유지를 택한 것일 뿐

이 역시 꽤 많은 사람이 하는 변명이다.

우선 시간은 모두에게 평등하다. 성공하는 사람은 시간이 있고, 성공하지 못하는 사람은 시간이 없다? 당연하지만 그런 경우는 없다.

'시간이 없다.'는 말은 '그 일을 시작하면 지금 하고 있는 뭔가를 그만두어야 하는데, 그럴 수가 없다.'는 이유에서일 것이다.

그러나 세상만사는 트레이드 오프(trade off, 두 개의 정책 목표 가운데 하나를 달성하려고 하면 다른 목표의 달성이 늦어지거나 희생되는 경우, 어느 한쪽을 위해 다른 쪽을 희생시키는 것)다. 시간이 없다면 어느 쪽을 택할지 정해야만 한다. 오히려 '뭔가를 시작한다면 다른 뭔가는 버려야 한다.'는 당연한 사실을 알아두고 있어야 한다.

또 한 가지, '아침부터 밤까지 일만 해서 제대로 잠을 잘 시간도 없을 정도다!'라고 화를 내는 사람이 있을지도 모른다.

그런 식으로 바쁘다면 진짜 바쁜 것이 아니다.

남에게 요청을 받고 자기 시간을 내어 주고 있으면 바쁜 것처럼 느껴질지도 모른다. 하지만 눈앞의 일에 집중하고 있지 않기 때문에 그저 의미 없이 바쁜 느낌만 들고 있을 뿐이다.

그리고 애초에 그런 상황이 싫다면 어째서 바꾸려고 하지 않는가?

결국, 불만이 있어도 현 상태를 유지하는 편이 그 사람 입장에서는 '편하기' 때문에 그러고 있을 뿐이다. 물론 이런 말을 듣는 본인은 본의가 아니겠지만, 사람은 자기가 생각하는 것 이상으로 합리적인 행동을 취한다. 어느새 그렇게 트레이드 오프로 '현 상태'를 선택한다.

현 상태에 만족까지는 하지 않더라도 행동을 바꿀 만큼 커다란 불만은 없고, 아무래도 상관없다고 생각할 여유도 있다. (아니, 여유가 있으면 뭔가를 시작하지 않기 위한 변명을 댈 수 없으니 바쁜 것처럼 행동하고 있는지도 모른다.)

그리고 보람이란 뭐라는 둥, 행복이란 뭐라는 둥, 노력이란 뭐라는 둥 도움이 되지 않는 것들만 머릿속에 떠올라 시간을 잡아먹게 된다. 이래서야 아무것도 생기지 않는다는 사실을 누구나 알고 있을 터다.

몰두할 수 있는 일과 취미로 자신의 시간을 메우고, 자기 머리로 생각하는 습관을 들여 둔다면 그런 추상적인 문답에 고민할 일도 없을 것이다.

다만, 한정된 시간을 최대한 활용함으로써 많은 것을 할 수 있게 되는 경우도 있다.
거기에 관해서는 제4장에서 소개하겠다.

▶▶▶ '내게는 재능이 없다', '평범하니까 할 수 없다'라고 말하는 것은 '지금 이대로 괜찮다'고 말하는 것과 마찬가지다

'내게는 재능이 없으니까.', '평범하니까.'라고 말하며 행동하지 않는 사람도 있다.

확실히 재능이 있고 없고가 영향을 끼치는 분야가 있을지도 모른다.

그러나 일정한 공적을 쌓아 올린 사람 가운데 그 사

람의 노력에 의한 면이 없을 리가 없다.

우선 나한테 그런 재능이 있느냐고 묻는다면, 나는 딱히 그렇게까지 대단한 재능이랄 것은 없다고 생각한다.

하지만 남들보다 갑절은 더 노력했다. 예를 들면, 뒤에서도 다룰 내용이지만 나는 정보 수집 하나만 하더라도 남들과는 자릿수부터가 다를 만큼의 정보를 접하고 있다. 최단 거리로 목표에 다다르도록 매일같이 개선하는 노력도 게을리하지 않는다.

일본의 국민 야구 선수인 이치로 선수만 하더라도, 초등학교 3학년 때부터 1년 중 360일은 연습을 했다고 하고, 아직도 자신이 최고의 상태로 있을 수 있도록 항상 노력을 아끼지 않는다. 하지만 프로야구계에 들어서던 당시의 이치로 선수를 보면 드래프트 4위로 오릭스에 입단했으며, 그 당시 선수 중에서는 결코 빼어나게 눈에 띄는 선수가 아니었다.

많은 사람들은 결과만 보고 '그 사람은 천재다.', '저 녀석은 재능이 있다.'고들 말하지만, 이치로 선수처럼 꾸준하게 노력함으로써 뛰어난 결과를 내는 사람이 많다.

결국, '나는 평범하니까.'라고 말해 버린 시점에서 '나는 지금 이대로 괜찮다.', '노력하고 싶지 않다.'고 말하고 있는 셈이다.

어차피 그렇게 말할 거라면 적어도 노력은 해 보고 난 다음에 말해야 한다고 생각한다.

덧붙이자면, **해 보지 않고서는 자신에게 재능 같은 게 있는지 없는지 알 수 없지 않은가?**

해 보지도 않고 '내게는 재능이 없다.'고 말하며 처음부터 숟가락을 내던지는 사람이 얼마나 많은가?

재능도, 자질도 자기가 지녔는지 아닌지는 일단 해 보고 나서야 알 수 있는 법이다. 해 보기도 전에 '내게는 재능이 없다.', '자질이 없다.'와 같이 생각하는 것은 완벽한 착각이다.

▶▶▶ '방법' 같은 건 애초에 없다

"○○를 하고 싶은데 방법을 모르겠습니다. 어떻게 하면 좋을까요?"라는 질문도 자주 받는다.

인터넷에 검색하면 '방법' 같은 건 얼마든지 나온다.

창업 노하우에서부터 기타 치는 법까지, 뭐든지 나온다.

결국, '하고 싶다.'고 생각한다면 '방법' 따위는 얼마든지 찾을 수 있다. 내일 영화를 보러 가려고 생각했다면 영화 예매 사이트에서 상영 스케줄을 확인하고 갈 것이다. 이와 마찬가지다.

'방법을 모르니 할 수 없다.'라는 것 역시 일단은 찾아보고 나서 해야 할 말이다.

무엇보다도 나는 애초에 '방법' 같은 건 없으며, **모든 것이 '시행착오'**라고 생각한다.

비즈니스에서 성공하려면, 심사숙고 끝에 나온 아이디어를 차례로 실행에 옮겨 보는 수밖에 없다.

나도 비즈니스로서의 사소한 아이디어를 차례로 시도해 보고, 잘 되어 가는 것만을 남기고자 했다. '시행착오'를 거듭하고 나서야 어느 정도 사업이 적중했다.

결국, 방법이나 감이 아닌 '시행착오를 얼마만큼 계속하는지'가 문제라고 생각한다.

대체로 "방법을 모르니 할 수 없다."라고 말하는 사람일수록 "그것을 하기 위한 요령은 없습니까?"라고 물어온다.

분명하게 말하겠는데 그런 것은 없다.
그저 노력하고, 계속 노력하는 것. 이게 전부다.

나 역시 누구나 할 수 있는 것밖에 하지 않는다.

하지만 내일은 조금이라도 개선될 수 있도록 업무를 최적화시키고 꾸준히 노력한다.

당신이 만약 나 이상으로 되고 싶다면 '나 이상의 노력을 해 주기 바란다.'라고밖에 해 줄 말이 없다.

'호리에 다카후미'라서 따로 할 수 있는 일은 거의 없다. 어찌 됐든 결국, 상당히 무식한 방식이다.

▶▶▶ '나는 아무것도 할 수 없다'는 생각은 금물

'공부에도, 운동에도 소질이 없고, 뭘 해도 오래가지 못한다.'

그렇게 생각한다면 잘하지도 못하고, 좋아하지도 않는 것이 아니라 다른 것에서 노력하기만 하면 된다는 이야기다.

소질이 없다고 말하는 사람은 매사를 보는 관점이 단지 좁을 뿐이다. 과연 정말로 아무런 소질도 없는 사람이 있을까? 공부나 운동이 서툴더라도 붙임성이 좋다면 접객에서 실력 발휘를 할 수 있을지도 모른다.

또, 뭘 해도 오래가지 못하고 싫증을 내는 성격은 거꾸로 말해 한 가지 것에 속박되지 않고 다양한 것에 도전할 수 있다는 장점이기도 하다. 나 역시도 해 보다가 그다지 느낌이 오지 않으면 곧장 질려 버린다. 그래서 그때그때 관심을 두고 있는 것을 차례대로 동시에 진행하여 소화하려고 해 왔다.

"뚱뚱하고 못생겨서 현실에 충실해질 수 없어."
"키 작은 것이 콤플렉스야."

그런 것에 고민하지 말고 얼른 현실에 충실해지면 된다. 뚱뚱하다면 저탄수화물 식사, 근력 운동과 매일 30분 이상의 유산소 운동 등으로 얼른 살을 빼라. 운동 방법은 인터넷에서 찾아보면 얼마든지 나오고, 효과적으로 신체를 개조하고 싶다면 헬스장에 가서 퍼스널 트레이닝을 받으면 된다. 그다음에는 잡지를 사든지 친구에게 부탁해서 옷을 코디한다. 미용실에서 머리를 다듬고, 청결함과 향기에 신경을 쓰도록 한다. 겉모습만 확 바꿔도 주변에서 보는 눈이 달라지는 법이고, 그렇게 되면 스스로 자신감이 생겨서 인기가 생기게 될 것이다.

'리스크(risk)를 생각하면 할 수 없다'의 진실

▶▶▶ **정말로 하고 싶다면 '리스크'를 따지지 마라**

"회사를 그만두고 싶은데 다음 취직자리가 정해져 있지 않아서 할 수 없어요."

"먹여 살릴 가족이 있어서 창업은 할 수 없어요."

이런 식으로 리스크를 따져가며 '하지 않는' 사람이 얼마나 많은가?

회사든, 학교든 아무리 생각해도 싫다면 거기서 벗어나기만 하면 될 뿐이다.

라이브도어 사건으로 유죄 판결을 받은 나는, 수감되어 자유를 제한당했다. 교도소 안에는 어울리고 싶지 않은 사람도 있었고, 하고 싶지 않은 작업도 있었지만 벗어나는 것은 허락되지 않았다.

당신이 처한 괴로운 상황이 정말로 교도소처럼 피할 수 없는 상황인가? 회사를 그만두는 데 도대체 어떤 제약이 걸린다는 말인가?

내 생각에 '그만두고 싶다.'는 말을 입에 달고 살면서도 그만두지 않는 사람은 결국에는 그만둘 마음 따위는 없는 것이다.

그저 어쨌든 힘든 상황을 모면하기 위한 대증요법(병의 원인을 찾아 없애기 곤란한 상황에서, 겉으로 나타난 병의 증상에 대응하여 처치하는 치료법. 열이 높을 때 얼음주머니나 해열제를 써서 열을 내리게 하는 따위)을 찾고 있다. 그리고 평생을 계속 그러고 산다. 마치 번지점프대에서 뛰어내리는 것을 망설이고 있는 사람과 같다. 뛰어내리면 뭔가가 달라질지도 모르는데 말이다.

어째서 '상황을 모면'하는 것으로 끝내려고 하는 걸까? 분명 마음속으로는 '바꾸고 싶지 않다.', '그만두고 싶지 않다.'라고 생각하고 있는 것이다. 바꾸고 싶지 않은데도 바꾸고 싶다니 참 뻔뻔한 이야기다. 거듭 강조하지만, 이 세상은 항상 트레이드 오프다. 그렇게 항상 형편이 좋게 흘러가지만은 않는다.

사실은 그만두고 싶지 않다고 생각하는 사람을 그만둘 마음이 들게 하는 것은, 내게 호감이 전혀 없는 여성에게 고백하는 것만큼이나 어렵다. '싫으니까 싫다.'든지 '본능적으로 싫다.'는 소리를 듣는 것과 마찬가지로 전혀 결말이 나지 않는다.
이런 부류의 상담을 자주 하지만, 그런 사람들에게 하는 상담은 시간 낭비밖에 되지 않는 것 같다.

반대로 정말 하고 싶은 것이 있는 사람이라면 설득하기가 쉽다.

예를 들어, 나는 로켓 사업을 추진하기 위해 우수한 엔지니어를 여러 명 스카우트했었다. 엔지니어 중에는 '로켓 사업으로 밥 먹고 살 수 있겠느냐.'라든지 '지금 다니는 직장에 민폐를 끼치는 게 아니냐.'처럼 아무래도 상관없을 법한 일로 생각을 질질 끌면서 결단을 내리지 못하던 사람도 있었다. 하지만 그 사람들은 내심 로켓 만드는 사업을 하고 싶어 했다.

연애로 치면 이미 내게 마음이 있는 여성에게 고백하는 것과 마찬가지다. 여성은 고백받을 때 핑곗거리를 원한다는 이야기가 있는데, 일에서도 마찬가지다. 설득당하기를 기다리는 엔지니어에게는 "인생은 짧지요. 하고 싶은 일을 하는 게 좋지 않을까요?"라고 말을 건다. '호리에몽이 몇 번이고 설득해 주었다.'는 핑곗거리를 주고, '그렇다면 하는 수 없지.'라는 기분이 들게만 할 뿐이지 아무것도 어려울 게 없다.

'리스크가 있어서 할 수 없다.'고 생각하는 것은 분명 '할 필요가 없는 것'이다. 지금 자기가 갖고 있는 것을 버려가면서까지 할 마음이 들지 않는다면, 결국 그런 셈이다.

그렇다면 푸념 따위 늘어놓지 말고 지금처럼 지내면 된다.

'하느냐.' 아니면, '지금 그대로'냐.
정말로 선택하고 싶은 것은 어느 쪽인가?

'할 수 없는 이유'를
따지지 마라

    이렇게 보면 '변명'이 얼마나 의미 없는 것인지를 알 수 있을 것이다.

    멋대로 생겨난 선입견이 자기 발목을 붙잡고 만다.

    변명만 늘어놓으면서 인생을 바꾸고 싶지 않다면, 계속 그런 식으로 살아도 좋다.

    정말로 한가한 사람일수록 '할 수 없는 이유'만을 들어가며 아무것도 하지 않은 채로 있다.

    그러나 능력 있는 사람은 '하느냐.', '하지 않느냐.' 이것뿐이다.

▶▶▶ 해 보지 않으면 '자신감'은 생기지 않는다

'자신감이 없다.' 역시 마찬가지다.

어째서 자신감이 없는가 하면 결국은 경험 부족이라고밖에 할 말이 없다.

해 본 적이 없으니까 불안해서 시작하지 못하고, 경험을 쌓을 수 없다. 자신감이 없으니까 이것저것 변명을 만들어내며 자신의 알량한 자존심을 지키려고 한다. 변명하는 사람은 그런 악순환에 빠져 있다.

영업을 해 본 적이 없는 사람이 처음으로 영업을 하게 되면 당연히 불안할 것이다. 그러나 어떻게든 물건을 하나라도 팔고 나면 그것은 곧 자신감이 된다. 자신감을 갖게 되면 질투심도 사라지고, 자기가 남에게 지고 있다고 느껴도 어떻게 아이디어를 짜내어 이길 수 있을지를 생각할 수 있게 된다.

일뿐만 아니라 인간관계든 뭐가 됐든 완전히 마찬가지다.

이성과 이야기해 봤는데 서로 대화가 잘 통하게 된다면 연애를 시작하는 것을 극단적으로 두려워할 일은 없어진다. 자기가 주도해서 이벤트를 성공시켰다면 같은 식의 이벤트는 힘들이지 않고 또 해낼 수 있게 된다.

한 번 해서 성공한 것에 대해서 사람은 자신감을 갖고 임할 수 있게 되는 법이다.

물론 때로는 뼈아픈 실패로 끝나는 경우도 있을 테지만, 그것은 해 보지 않고서는 알 수 없는 일이다.

'경험을 쌓을 기회가 없었다.'고 말하는 사람이 있을지도 모르겠는데, 기회 자체는 눈앞에 얼마든지 굴러다니고 있다.

커뮤니케이션이 서툰 사람은 앞에 있는 사람에게 과감하게 말을 거는 것조차 도전일지도 모르지만, 그런 기회는 얼마든지 있다.

기회 자체는 누구에게나 평등하게 주어져 있다. 다

만 앞으로 한 걸음 내딛는지 아닌지가 다를 뿐이다.

사소해도 좋으니 항상 작은 도전이라도 시도해 보고, 조금씩 성공 경험을 쌓아가라. 뭐든지 잘 소화해 내는 사람과 자신을 비교하며 침울해하는 것만큼 무의미한 것도 없다. **이때 비교해야 할 것은 과거의 자신이다.** 자신의 성장을 실감할 수 있으면 그것이 곧 자신감이 된다. 포기하지 말고 성공 경험을 쌓아 간다면 어느 순간 갑자기 크게 성장할 날이 반드시 찾아올 것이다.

▶▶ '변명'으로 자신을 지키는 사람들

결국, 변명하고 행동하지 않는 사람은 '한가한' 사람이다.

그러나 그 사람 입장에서는 그것이 합리적인 행동이라고 생각한다. 경험 부족으로 자신감이 없다고 말하며 자기 자존심을 지키고, 현 상태를 바꾸지 않고 끝내기 위한 변명을 만들어 내는 것이다.

이런 사상을 멋지게 일도양단한 것이 앞에서도 소개했던 《미움받을 용기》이다.

《미움받을 용기》에는 몇 년째 자기 방에 틀어박혀서 지내는 남성의 일화가 나온다. 남성은 밖으로 나오고 싶어 하고, 일자리도 갖기를 원하지만, 방을 나오려고만 하면 불안해지고 손발이 떨려온다.

일반적으로는 '밖으로 나오지 못하는 원인'이 있어서 '밖으로 나오지 못한다는 결과'로 이어졌다고 생각하기 쉬운데, 아들러 심리학에서는 '원인', 즉 변명을 일절 인정하지 않는다. '밖에 나가고 싶지 않다.'는 목적이 먼저 오고, 그 목적을 달성하는 수단으로 '불안이라는 감정을 지어내고 있다.'고 본다.

요컨대, 할 수 없는 변명을 마련함으로써 자신을 상처 입히지 않고 끝내려 하는 셈이다.

● 일반적인 사고방식과 아들러 심리학 ●

〈일반적인 사고방식〉

| 밖으로 나오지 못하는 이유 |

| 밖으로 나오지 못한다는 결과 |

〈아들러 심리학〉

| 밖에 나가고 싶지 않다는 목적 |

| 불안이라는 감정을 지어낸다. |

 아들러 심리학의 사고방식을 받아들이기 힘든 사람이 있을지도 모르지만, 나로서는 정말 납득이 가는 내용이었다.

 내 살롱에서 나는 "이런 프로젝트를 해 본다면 재미있지 않을까요?"라며 멤버의 등을 밀어줄 때가 있다.

그런 기회를 부여받고도 도저히 한 걸음조차 내딛지 못하는 사람도 있다. 자신에게는 기술이 없다든지 이러쿵저러쿵하며 변명을 하고 마는 것이다.

다시 한 번 말하지만, 지금까지 해 본 적 없는 일을 한다는 것은 번지점프와 마찬가지다. 번지점프를 하는 데 특별한 능력 따위는 하나도 필요 없다. 몸에 로프를 묶고, 그저 뛰어내릴 뿐이다. 그런데도 공포에 질려 펑펑 울고 만다.

과거의 트라우마인지 자존심인지는 몰라도 모처럼 온 기회 앞에서 꽁무니를 빼다니 이해할 수가 없다.

게다가 내 살롱에서는 전혀 불가능하거나 무리한 것을 도전하도록 요구하지는 않는다. 지금은 무엇을 해도 다양한 선택지가 마련되어 있고, 살롱에는 뛰어난 인재도 즐비해 있다.

이런 사람들의 힘을 빌려 도전하는데 도대체 얼마만큼의 리스크가 있다는 말인가?

번지점프용 로프는 아주 단단하게 묶어 주기 때문에 뛰어내린다고 해서 죽을 일은 거의 없다. 내 입장에서 보면 '이렇게까지 마련해 주었는데 그만두다니, 이제 맘대로 해라!'라는 기분도 든다. 아무리 준비를 해 줘도 어떤 사람은 금세 이것저것 변명을 대며 그만두고 만다. 얼마나 아까운 일인가?

이번 장에서 마지막으로 말해 두겠다.
변명을 그만두면 정말로 일이 깔끔하게 풀린다.
곧장 몸이 움직여지게 된다.
이것만큼은 지금 당장 실천해 보기 바란다.

● 제1장의 키워드 ●

'할 수 없는 이유'를
찾는다고
무슨 좋은 점이
있는가?

진심으로 산다

·

제2장

균형을 맞추지 마라

'진심으로 살기' 위해 두 번째로 불필요한 것, 바로 '균형을 맞추는' 일이다.

▶▶▶ 균형 따위는 맞추지 않아도 된다

'보람 있는 일을 열심히 해 보고 싶지만, 우리 가족을 위해 여유 있는 시간도 원한다.'

'취미 시간은 지금보다 줄이고 싶지 않지만, 수입은 좀 더 많았으면 좋겠다.'

사람들 대부분은 지나치게 '균형'을 맞추려고 한다. 하지만 그런 생각은 좀 얌체 같지 않나 싶다.

일도 가정도 취미도 뭐든지 단물만 빨아 먹고, 균형 맞춘 생활을 하고 싶다면서 시간을 더욱 효율적으로 사용하고 싶다든지, 많이 도전하는 인생을 보내고 싶다든지, 인간관계로 고민하고 싶지 않다고 하는 식이다.

확실히 말하겠는데, 그렇게 하는 것은 무리다.

우선, 균형을 유지한 채로 새로운 일이 가능할 리가 없다. 현 상태를 바꾸지도 않고, 매사 단물만 빨아 먹으려고 하는 것은 불가능한 법이다.

가슴 설레는 경험을 맛보겠다면 그것을 위해 들여야 할 시간도 필요해지는 데다, 실패할 리스크도 고려해야 한다. 매사는 전부 트레이드 오프이며 예외는 없다.

회사를 설립했을 무렵 나는 일에만 집중했다. 이 시기에는 자는 시간 빼고는(수면 시간은 제대로 확보했다.) 계속 비즈니스만 생각하며 집에도 들어가지 않았고, 가족과의 시간도 갖지 않았다. 결국, 그때 가족과 헤어지기는 했지만, 업무 면에서는 해외에 자회사를 설립하는 등 내실을 다져갔다.

그렇게까지 철저해지지 않으면, 하고 싶은 것은 할 수 없다. 그렇지 않으면, 주말에 일을 하고 싶어도 '가족과 시간을 보내야 하는데…….'라면서 역시 어중간해진다.

내 사례이기 때문에 일을 이야기로 꺼냈지만, 몰두할 대상은 일이든, 취미든, 뭐든 상관없다.

짜릿한 인생을 보낸다는 것은 하나를 희생해서 또 다른 뭔가에 집중해 보는 것이다. '지금의 자신을 바꾸고 싶지는 않지만, 작은 요령만으로 짜릿한 인생을 보내고 싶다.'니 참 뻔뻔한 이야기다.

정말로 하고 싶은 것이 있다면 균형 따위는 맞추지 않아도 된다. 극단적이어도 상관없다.

▶▶▶ 몰두하기 위해 필요한 것

'일에만 몰두하다가 과로사하기 전에 일과 가정의 양립이 중요하다!'라는 반론도 있을 것이다.

그러나 다니는 회사가 블랙 기업이라고 불평하면서

회사를 그만두지 않는 사람이란, 일을 하찮다고 느끼고 있는 것일 뿐이지 않을까? 남에게 강요당해 마지못해 하고, 자발적으로 움직이지 않으니까 일에 집중하지 못하고 있다.

그렇다면 우선 눈앞의 일에서 흥미를 찾아내야 한다. 자기 나름대로 궁리해서 일을 개선해 보자. 영업이라면 영업에서 실적을 올리도록 노력해 보자. 그렇게 하면 일도 재밌어져서 집중할 수 있게 된다.

그렇다고 해서 과로사할 때까지 일한다면 난센스다. 도저히 피곤해서 안 되겠다면, 상사나 동료의 시선 따위 신경 쓰지 말고 얼른 퇴근해서 쉬어라.

상사나 동료의 시선이 신경 쓰여 퇴근할 수 없다? 이러쿵저러쿵 둘러대지 말고 퇴근해라. 그렇게 퇴근이 반복되다 보면 자연스럽게 '저 녀석은 원래 저렇다.'고 여기며, 누구도 뭐라고 하지 않게 된다.

▶▶▶ 안정된 일이나 인간관계 따위는 존재하지 않는다

어째서 균형을 맞추려는 사람이 많은 걸까?

바로 지금의 안정을 떼어 놓기가 두렵기 때문이다. 하지만 다들 이제는 어렴풋이 깨닫고 있을 것이다. 이 세상에 안정된 일이나 인간관계 따위는 존재하지 않는다는 사실을 말이다.

회사에서 일하는 것.

가족이 있는 것.

결혼하는 것.

이 모든 것들이 정말 안정된 것이라고 생각하는가?

대기업일지라도 도산해서 정리 해고당할 리스크는 높아지고 있다. 그저 자리만 채우기 위해 계속 회사에 출근하다가 40대, 50대가 되고 나서 느닷없이 해고를 당하는 것만큼 비참한 일이 또 있을까. 리스크를 감수하지 않았던 것 자체가 그대로 리스크가 되어 돌아오는 전형적인 사례라고 할 수 있다.

마찬가지 경우가 가족이나 결혼 등 인간관계에서도 그대로 성립한다.

나는 개인적으로 좁은 의미에서의 가족은 원치 않고, 오히려 리스크라고 생각한다. (좁은 의미라고 말한 것은 종래의 제도상에 있는 '가족'이라는 뜻이다.) 이렇게 풍족한 세상 속에서 관계를 고정화하는 쪽이 리스크라고 생각하기 때문이다.

이혼한다고 해도 그렇다. 지금 결혼해 있는 커플의 절반 정도는 솔직히 이혼하고 싶다고 생각하고 있지 않을까? 이혼이 제도적이든 심정적이든 여러 가지로 큰일이기 때문에 모두 망설이고 있는 것은 아닐까?

나는 이혼 경험이 있지만, 헤어진다고 해서 죽는 것은 아니다.

이렇게 말하면 냉정한 사람이라고 여길지도 모른다.

하지만 여기서 묻고 싶은데, 당신은 전 여자 친구(혹은 전 남자 친구)를 떠올려 본 적이 얼마나 되는가? 한때 서로 너무나 사랑했더라도, 대부분의 사람은 헤어지고 나면 언젠가는 상대방이 기억에서 지워진다. 그런 것을 두고 "왜 잊어버립니까? 사람이 참 너무하네요."라는 말을 들을 이유는 없을 것이다.

그렇게 보면 '부모와 자식 간의 정' 같은 것도 선입견 같다는 기분이 든다. 모두 "부모와 자식 간의 정이 없으면 안 돼요."라고 말하기 때문에 존재하는 것처럼 생각하는 사람도 있지 않을까?

가족이나 결혼이라는 것도 반드시 '안정'된 것은 아니라고 할 수 있다.

▶▶▶ '고독이 불안하다'고 결혼에 매달려서는 안 된다

'고독이 불안하다.'는 이유로 결혼해서 가족을 만들려고 하는 사람이 있는데, 그것도 나는 믿을 수 없다.

어째서 그렇게 만들어진 관계가 미래에도 계속 안정될 것이라고 믿는가?

장래의 고독이 두려워서 결혼해 버린 사람은 60세가 되어 이혼하는 처지가 된다면 금세 치매에 걸려 버릴 것이다.

고독이 불안하다면 얼마나 계속될지 모를 단 한 명의 인간관계에 자기 인생을 맡기는 쪽이 훨씬 리스크가 높다. 그보다는 페이스북 같은 SNS로 폭넓은 인간관계를 만드는 편이 리스크를 제거하는 데 훨씬 도움이 된다.

대체로 인간관계나 직장에서 '안정'을 구하다 보면 사람은 점차 쓸모가 없어진다.

타성에 젖어 가족 관계를 지속해 가는 사이에 긴장관계는 점차 잃어버리고, 복장이나 화장, 체형, 언어 사용에 신경을 쓰지 않게 된다.

직장도 마찬가지다. 같은 일을 하면 똑같이 월급을 받을 수 있다고 생각하는 사람에게서 기가 막힌 아이디어 따위가 나올 리 없다.

안정 추구는 곧 리스크다. 그 자리에 계속 머무른다는 것은 똑같은 상태가 계속 유지되는 것이 아니라, 노화해 간다는 것이다.

그렇게 보면 '균형을 맞춰야 한다.'는 생각 자체가 오히려 리스크가 되는 셈이다.

흑백논리의 틀에서
벗어나라

'균형을 맞춰야 한다.'는 사람은 '흑백논리'에 지나치게 사로잡혀 있는 것이 아닐까?

매사를 '있다.' 혹은 '없다.', '승리' 혹은 '패배'처럼 양극단으로밖에 보지 못한다.

예를 들면,
· 좋은 회사에 취직해서 안정된 생활을 보낸다.
  혹은
· 취직하지 못하면 인생은 끝장이다.

· 결혼해서 행복한 가정을 꾸린다.

　혹은
· 결혼하지 못하고 고독한 인생을 보낸다.

같은 식이다.

그러나 요즘은 사회도 인간관계도 다양하다. 하고 싶은 것이 있으니 직장은 파견이나 시간제 근무라도 상관없다는 사람도 있고, 도중에 독립이나 창업을 하는 사람도 있다. 그런데도 어째서 무(無)와 유(有)로만 이루어진 흑백 세계에 집착할 필요가 있다는 말인가? 엷은 회색도 있는가 하면 진한 회색도 있다. 초록이나 파랑, 빨강이라는 색채 또한 넘쳐난다.

세상은 그렇게 '어느 한쪽을 골라라.' 같은 식이 전혀 아니다.

예를 들면, 결혼이나 육아가 그렇다.

앞에서도 말했지만, 나는 개인적으로 좁은 의미에서의 가족을 원치 않고, 부부로 평생 같이 사는 것에 아무런 관심도 없다.

이에 대해 "결혼 제도를 폐지한다면 도덕이 붕괴되어 세상은 엉망이 된다!"라든지 "결혼 제도가 없어진다면 어떻게 자녀를 기를 수 있느냐!"라고 반론을 제기하는 사람이 있는데, 그것이야말로 흑백논리의 전형이다.

모두 근본적인 부분을 간과하고 있다.

인간관계는 흑백으로 구분할 수 있는 것이 아니라 그러데이션으로 구성되어 있다. 관계의 강도는 상대방에 따라 달라진다. 결혼이나 연인과 같은 제도 혹은 단어로 모든 관계를 표현하기란 불가능하다. 그렇다면 '있는 그대로'라도 상관없지 않은가?

요즘은 전통적인 결혼 제도에 따라 동거하며 잘 살

아가는 사람도 있는가 하면, 나처럼 그런 굴레가 질색인 사람도 있다. 별거하면서 가끔 만나는 정도가 딱 좋은 사람도 있을 것이고, 여러 명의 파트너를 가진 관계라 해도 딱히 상관없다는 사람도 있을 것이며, 인터넷상에서 많은 사람과 느슨하게 관계하는 것만으로도 괜찮다는 사람도 있을 것이다.

결국, 인간관계란 필요에 따라 그때그때 바꿔 가면 되는 것이다.

취직에 관해서도 마찬가지라 할 수 있다.

일본의 고도 경제 성장기에 일손 부족으로 고민하던 기업은 장기 고용이라는 제도로 노동자를 가둬 넣으려고 했고, 그것이 어느새 종신 고용이라는 형태로 정착되었다. 종신 고용은 수십 년 정도 된 관행에 불과하지만, 이제는 누구나 종신 고용을 당연하다고 여긴다.

이제까지의 상식을 의심하지 않고 받아들이다 보면, 'ㅇㅇ이어야 한다.'는 선입견에서 벗어날 수 없다. 결과적으로 '균형'을 맞추는 데만 혈안이 되어, 하고 싶은 것도 어중간해지고, 몸 상태를 망치기도 한다. 그런 선입견에 사로잡히지 않는 삶을 살아라.

● 제2장의 키워드 ●

하고 싶은 것이
있다면,
극단적이라도
상관없다.

진심으로 산다

•

제3장

진심으로 살아갈 수 없는 이유는 '자의식'과 '자존심' 때문이다

다들 자존심이
너무 강하다

마지막으로 하고 싶은 말은 '자존심'과 '자의식'에 관해서다.

모두 자의식 과잉에 빠져 있다.

대기업을 그만두고 싶어도 그만두지 못하는 사람, 혹은 정리 해고를 당해도 재취업하지 못하는 전직 회사원이 많다. 우리나라는 일자리도 있는가 하면 다른 선택지도 얼마든지 있다. 그런데도 일하지 못하는 것은 '대기업을 그만두고 작은 회사에서 일하기가 창피

하다.'는 생각 때문은 아닐까?

회사나 동료 테두리 안에 있으면서 '○○가 나를 안 좋게 여기는 것이 싫다.', '이렇게 하면 무슨 소리를 들을지 모른다.'는 생각에 하고 싶은 것을 하지 못하고 있다.

'체면이 안 선다.', '남들 시선이 신경 쓰인다.'는 생각은 내가 봤을 때 전부 자의식 과잉이다.

실제로 당신의 사정을 그렇게 주목하고 있는 사람은 별로 없다. 사람들은 대부분 자기 이외의 일에는 아무런 관심도 없다.

나 역시 그렇다.

나도 일본에서 나름대로 지명도가 있기 때문에 길을 걸어가다 보면 누군가가 "호리에몽이다!" 하고 알아보거나, "같이 사진 찍어도 돼요?"라든지 "악수 한번 해요." 같은 식으로 모르는 사람들이 말을 거는 경우가 자주 있다.

그렇다고 이 사람들이 나를 온종일 생각하고 있는가 하면 그렇지는 않다.

친구와 저녁을 먹으면서 "나 오늘 호리에몽하고 같이 사진 찍었다!", "우와!" 하고 입방아 거리로 소비되고 끝이다. 미국 대통령이든 어떤 유명인이든 세간의 관심은 고작 이 정도가 전부다. 가끔 스토커 같은 사람도 있지만 무시하면 그만이고, 스토커가 관심을 가져 준다고 해도 기뻐하고 말 것도 없다.

결국, 남의 사정 따위는 누구도 신경 쓰고 있지 않다. 그런데도 사람들은 대부분 유명인도 뭣도 아니면서 자기가 세상으로부터 주목을 받고 있다고 믿는다. 실상은 유명인조차 누구도 주목받고 있지 못하는데 말이다.

극단적으로 말하자면 부모와 자식이나 부부라도 상대방을 온종일 생각하지는 않을 것이다. 상대방을 생각할 때도 있는가 하면, 자기에게 지금 필요한 일을 생각하고 있을 때도 있다. 이는 당연한 것이다.

가령 당신이 죽었다고 치자. 사이가 좋은 가족이었다면 1개월 정도는 계속 당신을 생각해 줄지도 모르지만, 그 이후 당신을 떠올리는 시간은 점차 줄어들 것이다.

하지만 그것이 딱히 섭섭하다고 할 일은 아니다. 누구라도 당연한 것이다.

결국, 세상과 당신은 그런 관계다. 그러므로 **실제로 존재하지도 않는 '세간'의 이목에 신경 쓸 필요는 전혀 없다.**

우리는 어려서부터 부모에게 효도하는 것이 당연하다고 배운다. 아이는 부모의 말을 들어야 한다고 배우면서 자라기 때문에, 부모에게서 '체면이 안 선다.'는 말을 들으면 그대로 듣고 따르는 사람이 놀랄 만큼 많다.

취직할 것인가? 대기업을 그만두고 이직할 것인가? 창업할 것인가? 결혼할 것인가? 그런 인생의 갈림길에서 부모가 말하는 대로 결단하는 것이 효도는 아닐 것이다. 대체로 효도 같은 것을 의식하며 살 필요는 어디에도 존재하지 않는다.

체면을 신경 쓰는 부모의 말을 듣지 않는다고 해서 어떤 불이익이 있다는 말인가?

부모에게 얹혀살며 주눅 들어 있는 니트족(NEET족. Not in Education, Employment or Training의 줄임말. 일하지 않고, 취업의 의사도 없는 청년 무직자)에게 부모가 "이웃에게 무슨 말을 들을지 모르니까 어디든 취직 좀 해라."라고 채근한다고 해도 딱히 취직하지 않아도 된다. 꼭 취직하지 않더라도 인터넷이든 뭐가 됐든 다른 수단으로 얼마든지 돈을 벌 수 있다.

오히려 부모 세대 때와는 크게 시대가 달라져 버린 오늘날, 부모가 말하는 대로 취직이나 결혼을 한들 잘된다는 보장은 전혀 없다.

▶▶ '자존심'이 없어야 모두에게서 사랑받는다

회사를 그만두면 체면이 서지 않는다든지, 이직에 실패하면 모양이 빠진다든지 등 여러 가지로 생각이 들 테지만, 누구도 당신의 사정 따위는 신경 쓰고 있지 않다.

그러니 남이 말하는 것 따위는 신경 쓰지 마라. 세상이 그렇게 당신에게 무신경한데 뭘 그리 잘난 체하느냐는 생각이 들 때가 참 많다.

그런데도 어째서 모두 그렇게 자신을 보호할까? 자기를 지킨다고 좋을 일은 없는데 말이다.

특히 나이를 먹게 되면, 자존심이 엄청나게 높은 사람과 자존심이 전혀 없는 사람으로 양극화되는 것 같다.

나는 개인적으로 '자존심이 없는' 길을 택하고 싶었고, 그래서 지금은 점차 자존심이 없어지고 있다.

예를 들면, 나는 배탈이 잘 나서 옛날에는 팬티를

버리고 노팬티로 집에 돌아오기도 했고, '도중에 편의점에 들러 몰래 팬티만 사 가야 하나?' 싶을 때도 있었지만, 요즘은 여성과 있어도 "저 오늘 노팬티입니다."라는 말을 꺼낼 수 있게 되었다.

TV에서도 그렇다. 예전에 어떤 프로그램에서 일본의 유명 멘탈리스트(심리를 이용한 퍼포먼스를 주로 하는 마술사)인 다이고 씨와 트럼프 카드로 하는 도둑 잡기 게임의 대상이 된 적이 있었다. 서로 카드를 한 장씩 뺏어 가면서 같은 숫자인 카드들은 바닥에 버리고, 최종적으로 카드가 0개가 되는 사람이 이기는 게임이다. 처음에 다이고 씨는 내가 아무리 표정을 감추려고 해도 카드를 딱 맞혀 냈다. 그래서 나는 전술을 바꿔서 마구 수다를 떨기로 했다. "와!" 하고 외치면서 날뛰는 내 모습이 전파를 탔으니 시청자에게는 우습게 비쳤을지도 모르겠다. 그래도 인터넷의 시청 소감을 보니 호감도가 높아진 모양이다.

이렇게 자존심을 없애려고 하다 보면 관성이 생겨 점점 자존심이 없어지는 방향으로 나아간다.

반면에 자존심이 높아지는 쪽으로 관성이 생겨 자존심이 점점 더 세지는 사람도 있다. 그런 식으로 엄청나게 깐깐한 할아버지, 할머니가 되어 간다. 딱딱한 표정을 지은 채 혼자서 따분한 듯이 있어도 누구 하나 말을 걸어오지 않는다. '아아, 불쌍해라.' 싶기도 하다. '자존심을 버리면 더욱 편해질 수 있을 텐데.', '그런 것에 신경 쓰지 않아도 될 텐데.' 하고 말이다.

사람은 누구나 함께 살아가는 법이다. 그런데도 알량한 자존심 때문에 옴짝달싹하지 못하고 만다. 정말로 '당신의 사정 따위는 아무도 보고 있지 않기' 때문에 신경 쓸 것 없이 말하고 싶은 것은 말하고, 하고 싶은 것은 하면 된다.

자존심을 낮추면 모든 것이 잘 흘러간다.

'체면이 서지 않으면 모두 나를 따르지 않는다.', '이런 연봉으로는 모양이 빠진다.' 등과 같이 생각하는 사람이 있을지도 모른다.

상관없다.
자존심이 없어야 모두에게서 사랑받는다.
친근감이 생겨나 남들이 당신에게 다가온다.

반대로 '내 모습은 훌륭해야 한다.'라든지 '상대방에게 미움받으면 어쩌지?'라는 생각에 자존심이 높아지면 결론적으로 상대방이 자기 쪽으로 다가오기가 힘들어진다. 그렇게 생각하지 않을까?

▶▶ '두려운 상대'는 자기 자존심이 만들어 내고 있다

처음 만나는 자리에서 상대방이 두렵다고 느꼈던

적도 있을 것이다.

대단한 사람이라든지, 신경 써야만 할 상대라든지, 이렇게 따지다 보면 두려워지면서 말도 잘 나오지 않게 된다.

역시 '자존심' 때문에 생기는 문제다.

'상대방이 나쁘게 생각하면 어쩌지?', '바보처럼 보이면 어쩌지?'라는 생각에 말이 나오지 않는 것이다.

이런 면은 나에게도 있다.

예를 들어, 인기 여배우 호리키타 마키 씨가 눈앞에 있다면 입이나 제대로 뗄 수 있을까? 이것은 좀 자신이 없다. 물론 노력은 해 보겠지만, 잘 될지 어떨지는 알 수 없다.

하지만 그런 마키 씨가 내게 호감을 느끼고 있다고 생각한다면 전투 자세를 취하며 가드를 올리는 것은 절대 금물이다. 노가드로 '계속 다가와라.' 하는 듯한 느낌이라야 자연스럽게 말할 수 있다.

'약삭빠른 자'는
되지 마라

 분위기 때문에 행동하지 못하는 사람은 어쨌든 자존심이 강하다.

 '실수해서 바보라고 여겨지면 어쩌지?', '생각한 것을 말했는데 상대방에게 반격을 당하면 어쩌지?' 같은 것만 걱정해서, '자존심'이라는 이름의 벽을 자기 주위에 높게 둘러치고 그 안에 틀어박힘으로써 약해 빠진 자신을 지키려고 한다.

 미리 말해 두겠는데, 그렇게 해서 얻을 수 있는 것은 거의 없다.

예를 들어, 이성의 마음에 들고 싶을 때도 자존심을 버리고 자신이 걸치고 있는 갑옷을 벗어 던져야 한다.

자리에 미인, 인기남이나 유명인이 있으면 주위에는 어떻게든 친해지길 원하는 사람들이 몰려든다. 하지만 사람들 대부분은 갑옷을 껴입고 뻣뻣하게 전투 자세를 취하고 만다.

'요령껏 말하지 않으면 바보 취급을 당한다.', '촌스럽게 보이지 않도록 센스 있게 행동해야 한다.', '재미있는 사람이라는 생각이 들게끔 열심히 농담을 던져야 한다.' 같이 말이다.

갑옷을 껴입은 무리가 주위를 둘러싸게 되면 둘러싸인 상대방도 마음이 편할 수 없다. 하지만 그런 자리에서 잘난 체하지 않고 자연스럽게 행동하는 사람이 있으면 상대방도 긴장하지 않고 있을 수 있다. 결과적으로 그런 사람이 이득을 보는 장면을 몇 번이나 봐 왔다.

생각이 너무 많은 사람은 항상 기회를 놓친다. 겨우 안면을 튼 남성, 혹은 여성에게 애프터를 신청하려고 해도 전투 자세를 취하고 만다.

'같이 밥 먹으러 가자고 하면 뻔뻔하게 보지 않을까?', '기분 나쁘게 생각하면 어쩌지?'

왠지 문자를 보냈더라도 여전히 고민이다. 상대방이 인기가 많거나 바쁘다 보면 답변이 오지 않거나 거절할 수도 있는 건데, '답변이 오지 않는 게 혹시 날 싫어해서?'라며 자꾸만 고민이 된다.

그러나 여기서 '상대방이 나를 귀찮아하는 게 아닐까?', '미움받고 있는 게 아닐까?' 하는 생각이 든다면 그 시점에서 이미 진 것이다.

대부분 단순히 상대방의 스케줄이 꽉 차 있었을 뿐이다. 물론 스토커처럼 계속 달라붙었다면 논외지만, 보통 식사 정도를 제안한 정도로 그렇게까지 기분 상해하지는 않는 법이다. 하나하나 고민하지 말고 온갖

수를 다 써서 상대방이 기뻐할 만한 것을 생각해 권유해 보면 된다.

그래도 도저히 안 통한다면 인연이 없는 것이다. 얼른 다음 인연을 찾아가면 그만이다.

미움을 받으면 '자존심'에는 금이 갈지도 모른다. 하지만 사귀고 싶은데 발걸음을 내딛지 않으면 죽도 밥도 되지 않는다.

지금까지의 자신을 지키기 위해 기회를 걷어차다니, 정말로 어이없는 일이다.

▶▶ 자존심 없는 바보가 가장 강하다

결국, 자존심 낮은 바보가 이익을 보는 경우도 많다.

예를 들면, 유명인이든 처음 보는 사람이든 누구에게나 개의치 않고 말을 거는 사람이 있다. 옆에서 보면 '저런 유명인에게 다짜고짜 말을 걸다니 바보 아냐?'라고 생각할지도 모르지만, 나중에 그것이 계기가 되어 유명인과 계속 친분을 이어 간다는 사람도 있다.

사람들 대부분은 말을 걸어도 거부당하기만 할 뿐이라고 생각한다. 쉽게 생각하면 거부당하는 것이 당연하지만, 그런데도 거절당해 자신의 자존심에 상처를 입는 것을 두려워한다.
그러나 자존심이 낮은 사람은 그게 두렵지 않다. 적극적으로 말을 걸어 자신의 희망을 이루어낸다.

비즈니스에서도 그렇다. 특별히 우수하지 않아도, 일을 적당히 하는 것처럼 보여도, 비즈니스를 제대로 잘 꾸려 나가는 사람이 있다.
바보라도 비즈니스를 잘할 수 있다고 말하면 놀라는 사람도 있을 것이다. 그러나 자신이 바보라고 생각한다면 똑똑한 사람에게 외주를 맡기면 될 뿐이다.
'자신이 바보'인 것을 알고 있으면, 모르는 것이 있

어도 아무런 망설임 없이 남에게 물어볼 수가 있다. 자신에게 지식이 없는 것을 부끄러워하는 이상한 자존심이 없기 때문에 반대로 똑똑한 사람을 써서 빠르게 움직일 수 있다.

한편, 어중간하게 똑똑한 사람은 정작 잘 못하는 것까지 전부 자기가 하려고 한다. 그러나 정말로 똑똑한 사람이 하는 일에는 당해낼 수 없기 때문에, 힘들다고만 느낄 뿐 그다지 성과는 오르지 않는 상황에 처한다.

'자신이 바보'인 것을 알고 있는 사람은, 강하다.

생각해 보면, 나보다 기성세대의 성공한 창업가 중에는 사회로부터 밀려 나온 사람이 많았다.

집안이 찢어지게 가난했거나, 일자리가 없었거나, 사회적으로 소수자 집단이었다. 그대로였다면 사회의 주류에 편승하지 못할 사람들이 살아갈 길을 찾기 위해 어쩔 수 없이 창업한 사례가 많다. 소프트뱅크의 손정의 사장도 그런 창업가 중의 한 사람일 것이다.

그 사람들은 다른 선택지가 없었기 때문에 별난 자존심은 내던지고, 실현 가능성을 운운하는 등 쓸데없는 생각도 버린 채 필사적으로 일했다. 처음부터 일이 잘 풀리는 경우는 적으므로, 몇 번씩 실패를 반복하더라도 실패에서 배운 교훈으로 잘해 나갈 수 있었다. 처음에는 무모했겠지만, 일단 회사가 궤도에 오르면 똑똑한 사람들이 입사해 들어오기 때문에 적당히 일해도 경영에 안정을 찾는다. 그것이 지금까지 창업가의 성공 패턴이었다.

어떤 것을 이루려면 자존심같이 쓸데없는 것은 필요 없다. 오히려 주위 사람들이 너무 자존심이 세서 행동하지 못하고 있을 때, '자존심이 없었기 때문에 할 수 있었다.'와 같은 경우가 많다.

어중간하게 똑똑한 사람은 몇 번씩이고 똑같은 것만 생각할 뿐, 결국에는 아무것도 할 수 없다. 다시 말해 여러 가지를 '생각'할 수 있는 똑똑하지 않은 바보가 이득을 본다. 성공 따위는 바보라도 할 수 있다. 아니, 바보가 제일이다.

▶▶ 네코 히로시는 어째서 캄보디아에서 뛰었는가?

2009년 무렵 일본 개그맨 네코 히로시(일본의 유명 코미디언이자 캄보디아의 마라톤 국가 대표. 2016년 리우 올림픽 마라톤에 출전, 완주에 성공했다.) 씨에게 조언을 해 준 적이 있었다. 네코 씨는 고양이 흉내로 대박이 났지만, 그 뒤로는 이렇다 할 활약을 하지 못했다. 이것저것 시행착오를 겪고, 어느 것 하나 잘 풀리는 일이 없어 뭘 해야 좋을지 고민하고 있던 시기였다.

진심으로 난감해하는 네코 씨의 모습을 보고, 나는 상담에 응해 주기로 했다. 우선 네코 씨의 특기를 물어봤더니 '달리기'라고 했다. 네코 씨는 달리기를 연습한 적도 없거니와 누군가에게 체계적으로 배워본 적도 없었는데, 버라이어티 프로그램 기획으로 마라톤에 도전했더니 풀코스 마라톤을 깔끔하게 3시간에 끊어 버렸다. 내가 상담에 응했을 때도 이전 행사장에서 약속 장소까지 10km를 달려왔다기에 깜짝 놀랐었다. 제대로 된 훈련만 받는다면 2시간 반을 끊는 것도 꿈은 아닐 것 같았다.

하지만 일본의 마라톤 선수층은 두껍다. 개그맨으로서는 단연 톱으로 빠르더라도 최고 수준의 선수들 안에서는 묻혀 버릴 실력이다.

그렇다면 일본이 아니면 어떨까? 나는 업무상 캄보디아의 정부 관계자와 연줄이 닿아 있는 것을 떠올리고는 네코 씨에게 알려 주었다.

"네코 씨, 캄보디아인이 되면 마라톤 대표 선수가 될 수 있을 것 같은데."

네코 씨의 대답은 이랬다. "아아, 그거 좋네요. 대박인데요?"

미안하지만, 네코 히로시 씨를 보고 '머리가 좋다'고

생각하는 사람은 그리 많지 않을 것이다. 하지만 그렇기 때문에 남이 말하는 것을 솔직하게 듣고 흥겨워하면서 깔끔하게 캄보디아로 귀화해 버렸다. 현실 가능성 따위를 따지는 약삭빠른 사람에게는 절대로 불가능했을 통 큰 결정이다.

캄보디아인이 된 네코 씨는 우수한 성적으로 올림픽 마라톤 국가 대표 선수에 선발되었다(물론 캄보디아 대표로서). 유감스럽게도 국제 마라톤 대회에서의 대표 경험이 없고, 거주 실적이 없다는 이의가 제기되어 2012년 런던 올림픽 출전은 이루지 못했지만 말이다.

런던 올림픽은 놓쳤지만 네코 씨는 다양한 국제 마라톤 대회에 캄보디아 대표로서 출전하고, 상위 입상을 달성하고 있다. 2015년 6월에 싱가포르에서 개최된 동남아시아 마라톤 대회에서도 6위를 차지했다. 더구나 코스를 착각했는데도 6위였기 때문에 더 높은 순위였을 가능성도 있다. 무엇보다 네코 씨는 '달리는 개그맨'이라는 타이틀을 얻어 낼 수 있었다. 별다른 활약 없던 예능인이 여기까지 올 수 있었다는 것은 대단한 일이 아닐까?

▶▶▶ 흐름을 잘 타서 기회를 잡아라

 나도 처음부터 엄청나게 흐름을 잘 타거나 했던 사람은 아니다. 그랬던 나를 바꿔 준 하나의 계기가 되었던 것이 바로 대학 시절의 무전여행이었다. 친하게 지내던 같은 기숙사 친구가 "같이 무전여행 안 갈래?"라고 꼬드겨 재미있을 것 같아 동참했다. 무전여행을 하면서 생면부지인 사람에게 말을 걸어 자동차를 자주 얻어 탔다. 단지 그뿐이지만 그런 작은 성공의 경험 덕분에 스스로 나를 감싸고 있는 껍질을 깨부수고 자신감을 가질 수 있게 되었다.
 흐름을 타고 행동하는 데 있어 방식 따위는 존재하지 않는다.

지인이 권해 주는 재미있을 법한 이벤트에 참가하든, 자기가 모르는 사람에게 말을 걸어 보든, 새로운 제품을 재빨리 구해다가 시험해 보든, 그런 사소한 경험들을 망설임 없이 쌓아 가는지 여부가 핵심이다.

흐름을 잘 타지 못하는 사람은 그런 것을 모른다.
"뛰어들어야 할 기회인지 아닌지 대체 어떻게 분간해야 할까요?"라며 핵심에서 벗어난 질문을 던져온다.
사소한 기회는 언제 누구 앞으로든 날아들어 온다. 그것이 장차 무슨 일로 이어질지는 누구도 알 리가 없다. 그러니 자기가 재미있을 것 같으면 뛰어들면 그만이다. 뛰어들어 봤더니 예상외로 재미있는 경험이 생길지도 모르고, 반대로 불쾌한 경험을 하게 되는 경우가 있을지도 모른다.

뛰어든 결과가 어떻게 될지는 모르지만, 확실히 말할 수 있는 점이 있다. **흐름을 잘 타는 사람에게는 여**

기저기서 말을 걸어오게 되고, 가속도가 붙어 여러 가지 경험을 할 수 있게 되어 간다는 사실이다.

나는 일에서도 흐름을 잘 타는 것만은 절대 잊지 않도록 노력하고 있다. 막 창업했을 무렵, 단골 거래처가 되어 준 회사 관계자에게서 한밤중에 "지금 한잔 하러 가자."라며 호출을 받은 적이 있다. 그럴 때 마감이 있다는 식으로 핑계를 대며 거절한다면 흐름을 잘 타지 못하는 것이다. 곧장 달려 나가 함께 마심으로써 거기서부터 업무가 확대되고 새로운 경험으로도 이어졌다.

뭐가 됐든 수면 시간을 희생하거나 마감을 어기라고 말하는 것이 아니다. 수면 시간도, 마감도, 지인으로부터의 권유도, 전부 소화하기 위해서는 지혜를 짜내야 한다는 뜻이다.

요컨대 '약삭빠른 것'이 가장 나쁘다.

이것저것 핑계를 대며 그럴싸하게 생각만 하고, 결국은 행동하지 않는다.

생각이나 제대로 하면 또 모르겠는데, 생각 대부분이 자기 '자존심'을 지키기 위한 변명이다.

그런 생각을 하느니 흐름에 따라 움직이는 편이 훨씬 낫다.

▶▶▶ 상식에 얽매여 있으면 버디를 잡을 수 없다

내가 푹 빠져 있는 취미 활동 중 하나로 골프가 있다. 좋아하는 정도가 심해져서 골프 동료를 매칭하기 위한 서비스까지 만들었을 정도다.

골프장이나 연습장에서 다른 사람의 플레이를 살펴보면 그 사람의 성격을 잘 알 수 있다.

예를 들면, 퍼팅이 그렇다.

지금 이 퍼팅을 성공시키면 버디(birdie)를 잡을 찬스가 오는데, 리스크를 무릅쓰기를 두려워하는 사람은 아무래도 약하게 치기 쉽다. 그러면 공은 홀 컵 앞에 멈춰 선다. 버디는 놓쳤지만, 최소한 파(par)를 잡을 수 있으면 된다고 생각하는 것이다. 이런 방식을 취하는 사람이 생각보다 많은데, 그래서는 결코 버디를 잡을 수 없으며, 대개는 파조차도 성공하지 못하고 보기(bogey)가 되고 만다.

왜냐하면, 홀 컵 앞에서 공이 멈춘 경우 거기서부터 홀 컵까지의 라인(공이 굴러가는 경로)이 어떻게 그려지는지 알 수 없기 때문이다.

버디를 잡고 싶다면 강하게 쳐야 한다.

물론 강하게 친다고 해서 반드시 버디를 잡을 수 있다고는 단정할 수 없다. 버디 퍼팅을 놓치면 모두 실패라고 생각할 것이다.

하지만 여기서 퍼팅을 놓쳤다고 해도 실패는 아니다. 공이 홀 컵을 지나쳐 갔다고 해도, 그럼으로써 라인이 어떻게 되는지를 대강 어림잡을 수 있다. 그래서 반대 방향(지나쳐 멈춘 곳에서부터 홀 컵으로 돌아가는) 퍼팅에서 파를 잡을 기회가 높아진다.

●리스크를 두려워해서는 버디를 잡을 수 없다●

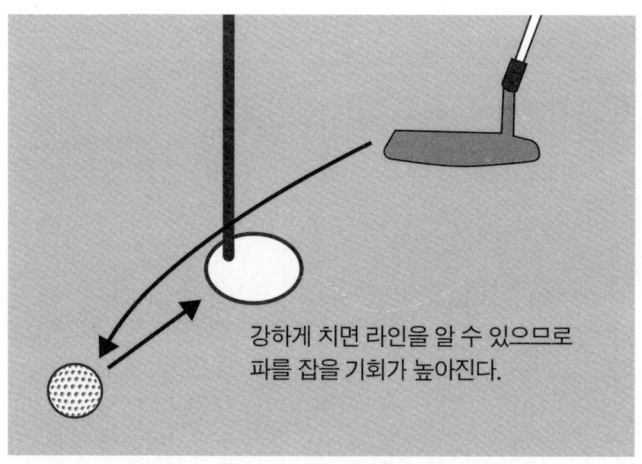

강하게 치면 라인을 알 수 있으므로 파를 잡을 기회가 높아진다.

이런 마음가짐으로 퍼팅을 치다 보면, 몇 번 중에 한 번은 버디를 잡을 수 있게 될 것이다.

실제 사회에서도 마찬가지다.

제3자의 말만 듣고 안전하게 파를 노리는 어중간한 방식으로 하다가는 결국 보기가 되어 버린다.

'행동하는 사람'은 상식에 얽매이지 않으며, 공이 홀컵을 지나친다 해도 두려워하지 않고 퍼팅을 친다. 공이 지나쳐 버렸다면 그 경험을 토대로 치는 방식을 수정하고, 또 그러기를 계속해서 반복한다. 공이 지나치는 경험이 거듭되어야 비로소 버디라는 성공을 얻어낼 수 있다.

나도 여태까지는 셀 수 없을 만큼 실패를 거듭해 왔다. 만들었어도 세상의 빛을 보지 못한 서비스가 산더미처럼 많고, 험한 꼴도 여러 번 당했다.

그것들은 실패가 아니다. 거듭된 도전과 경험이 지금의 나를 만들었기 때문이다.

▶▶▶ 실현 가능성 따위를 따지지 마라

내가 보기에는, 하고 싶은 것을 해서 성공하는 사람은 '리스크'를 별로 따지지 않는다.

해 보기도 전에 '성공할지 어떨지', '실패할 확률은 어느 정도인지' 같은 것을 따지다 보면, 결국 아무리 시간이 지나도 실행에 옮기지 못한다. 어디까지나 '성공할지 어떨지'는 해 보지 않고서는 알 수 없기 때문이다.

그래서 "성공할 가능성을 어떻게 판별해야 할까요?"라며 걱정하는 사람을 보면 나는 이해하기가 참 어렵다. 할지 말지는 그 상황의 기세에 달려 있다. 흐름, 느낌이라고 해도 좋다. 그걸 하지 못하는 약삭빠른 사람은 실패만을 따지며, 결국 리스크를 취하지 않는다.

실현 가능성부터 따지며 꽁무니를 빼는 사람은, 리스크를 취하지 않는 것 자체가 최대의 리스크라는 사실을 깨닫지 못하고 있다.

이렇게 약삭빠른 사람일수록 결국 성공에서는 멀어진다.

벤처 기업에 취직하려고 했더니 부모가 반대한다. 창업하려고 했다가, 지인에게서 그만두는 편이 안전하다는 소리를 듣고 단념했다 등등.
주위 사람들에게 구슬려진 결과, 하려고 생각했던 것을 포기하는 사람이 있다. 주위가 인정해 주는 것만 해 보려고 한다.

하지만 요즘 시대는 주위 사람들, 특히 부모가 인정하는 것은 확실히 실패한다고 말해도 과언이 아니다.
몇 번인가 이야기했는데, '온 더 엣지(라이브도어의 옛 사명)'를 경영하고 있을 때 부모의 반대로 온 더 엣지에 취직하기를 포기한 학생이 있었다. 원래 프로그래밍은 하지 못했지만 엄청난 기세로 기술을 흡수해 가기에 나는 기대를 걸었고, 그 학생도 점점 더 일에 몰두하게 되어, 어느덧 "대학을 그만두고 라이브도어에 취직하고 싶다."고 말하기에 이르렀다. 그런데 어머니가 거세게 반대했다.

"고작 이런 회사에 들어가려고 도쿄대에 간 게 아니잖니!"

대체 어떤 회사여야 되는가? 그대로 근무했다면 '재미있는 일도 많았을 테고, 커다란 보수도 받을 수 있었을 텐데.' 하고 당시에 생각했던 적이 있다.

기업도, 우리 개개인도, 글로벌 사회에서 격렬한 경쟁에 노출되어 있다. 대기업이라도 도산이나 흡수 합병될 가능성이 높고, 처음 취직했던 기업에서 정년까지 무사히 다닐 수 있는 사람이 앞으로는 거의 없을 것이다.

안정되게 일하는 방식은 이제 어디에도 존재하지 않는다.

오히려, 대학에 가서 어중간한 학력을 쌓기보다 요리 학원에 다니며 셰프가 되어 레스토랑이나 일식집을 개업하는 편이 훨씬 인기 있고, 돈을 버는 길은 아닐까?

이제까지와 똑같은 것을 하더라도 성공이 보장되지 않는 시대다. 성공하려면 자기가 하고 싶은 것을 흐름과 느낌에 따라 해 보는 수밖에 없다.

● **제3장의 키워드** ●

*약삭빠른 것이
가장 나쁘다!*

제3장 진심으로 살아갈 수 없는 이유는 '자의식'과 '자존심' 때문이다

진심으로 산다

·

제4장

모든 것을 최적화하라

자신의 시간은
자기만의 것

  유한한 시간 가운데, 될 수 있으면 '하고 싶은 것을 하기' 위해 이 장에서는 내가 실천하고 있는 시간 사용법을 소개하려고 하는데, 그 전에 파악해 두고 싶은 것이 있다.

  "바쁘다, 바빠!"라고 말하는 사람은 많이 있는데, 실제로 정말 바쁜 사람은 얼마나 될까?

  "쉴 틈 따위 없다. 매일매일 야근이라 유급 휴가는 꿈도 못 꾼다."

  누군가에게 지시받은 채 아무 생각 없이 업무를 하

다 보면 바쁘다고 느껴질지도 모른다. 하지만 그것은 할 일이 없어 여유가 있으니 그 틈을 쓸데없는 작업으로 메우고 있는 것에 불과하다.

예전에 집필했던 《제로》(크리스마스북스, 2014)에도 적었지만, 시간에는 '자신의 시간'과 '남의 시간'이 있다. 지금 스스로 '자신의 시간'을 살고 있는지 '남의 시간'을 살고 있는지를 항상 의식해 둘 필요가 있다. 그런 관점에서 봤을 때, 지금 당신은 얼마나 '자신의 시간'을 살고 있는가?

자기가 하고 싶은 것을 하고자 한다면 남을 위해 쓸데없는 시간을 소비할 여유 따위는 없다. 자신의 시간은 자기만의 것이다.

세상에는 무한하게 재미있는 것이 넘쳐나고 있지만, 사람에게 주어져 있는 시간은 유한하다. 나는 그게 참 안타깝다. 유한한 시간을 융통성 있게 잘 활용해서 일이든 취미든 재미있는 것을 마음대로 만끽하는 것. 내게 있어서 인생이란 그렇다.

무언가를 하기 위해서는 돈도 지위도 필요 없다. 필요한 것이 있다면 누구에게나 평등하게 주어져 있는 죽음까지의 시간뿐이다. 그러므로 시간은 무엇보다도 귀중한 자원이며, 그것을 어떻게 사용하느냐가 가장 중요한 과제가 되는 것이다.

충실한 시간을 살아가고 싶다면 우선 그것을 염두에 두었으면 한다.

모든 시간을
'최적화'하라

▶▶▶ '최적화'를 반복함으로써
할 수 있는 것이 늘어간다

 자기가 하고 싶은 것을 모조리 하려고 한다면 처음에는 시간이 턱없이 부족해질 것이다. 하지만 그렇다고 하고 싶은 것을 포기해 버려서는 의미가 없다. 시간이라는 희소 자원을 어떻게 사용하면 좋을지를 항상 고민함으로써 자기가 할 수 있는 것의 범위가 넓어진다.

그런 의미에서 나는 항상 '최적화'를 고민한다. 예를 들면, 보고 있는 신문들의 기사 내용이 중복된다면 어느 한쪽은 그만 본다든지, 양치질은 일반 칫솔보다는 진동 칫솔 쪽이 빠르다든지, 새로 출시된 아이폰 6가 화면이 커졌으니 이제 전자책 단말기는 따로 들고 다니지 않아도 되겠다든지 등 그런 사소한 것까지 매일 개선하고 있다.

최근 내가 개선한 사항으로는, 야간에 진행하는 행사의 출연을 자제하는 것을 들 수 있다. 예전에는 토크 라이브 하우스에서 행사를 개최했는데, 관객을 모으려면 시작 시각은 아무래도 오후 7시 이후로 할 수밖에 없었다. 그렇게 되자 끝나는 시각은 오후 9시 30분 이후가 되어 버렸다. 제대로 된 식사를 할 수 있는 가게에 갈 수 없게 되는 것이다. 내게 있어 맛있는 식사는 매우 중요한데, 참 가슴 아픈 일이었다. 더구나 토크 행사에 출연한들 대단한 출연료를 받을 수 있는 것도 아니다. 그렇다면 일반인 대상의 관객을 모집하는 것에 구애받지 않고, '호리에 다카후미 살롱'의 회원을 대상으로 이른 시간대에 토크 이벤트를 하는 쪽이 좋다고 생각했다.

얼렁뚱땅 지나가면 타성에 빠지기 쉽다. '이건 불필요한데?'라고 생각했다면 바로 개선해야 한다.

업무상에서도 PDCA라는 사고법이 있다. PDCA란 'Plan:계획 세우기 → Do:실행하기 → Check:평가하기 → Action:개선하기'를 말한다. 기업 경영에서는 PDCA의 사이클을 얼마나 빠르게 돌리느냐가 관건인데, 마찬가지로 자기 자신에 대해서도 PDCA 사이클을 돌려야 한다. 24시간, 365일, 자기 인생의 모든 것이 PDCA의 대상이 된다.

기업의 경우, PDCA 사이클을 돌리면서 개선을 반복하는 이유는 제품이나 서비스의 품질을 향상하고, 더 많은 이익을 얻기 위해서다. 인생의 PDCA에 관해서도 이익을 얻는 것을 목표로 삼을 수는 있지만, 내가 개선을 반복하는 이유는 돈을 벌기 위해서가 아니다. 스스로 좋아하는 것을 하는 데 시간을 쓰기 위해서 개선을 반복하는 것이다.

또 개선한 결과가 도리어 더 힘들어진다면 본말전도다. 나는 될 수 있으면 노력을 들이지 않고 즐기면서 내가 하고 싶은 것을 실현할 수 있도록 개선하고 있다. 의지력을 불러일으켜서까지 스스로 무리하기를 강요하는 방식은 오래가지 못할 것이다.

▶▶ 쓸데없는 부분이 없는지를 항상 되물어라

자기 인생을 개선하는 것은 자신을 포함한 사람의 행동이나 주위 상황을 주의 깊게 관찰하고, 의문을 품는 데서부터 시작된다.

일상적인 사례로 편의점 계산대를 생각해 보자. 계산대 앞에서 줄을 서서 기다릴 때 맨 앞의 손님이 지갑에서 잔돈을 꺼내는 데 애를 먹고 있는 모습을 보면 내심 '요령 있게 좀 해라!'라는 불평 한마디 해 주고 싶을 것이다. 수월하게 계산을 끝내는 수단으로 전자 결제라는 편리한 시스템이 있는데 말이다.

나는 오프라인 매장에서 물건을 살 때도 쓸데없는 부분을 느낀 적이 많다. 특히 패션 관련 매장에서는 그런 경향이 강하다. 예전에는 옷을 주로 편집매장 같은 곳에서 샀지만 그런 매장에서의 접객에 참을 수 없게 되어 버렸다.

뭐랄까, 점원이 보여주는 갑갑한 느낌을 참기 어려웠다. 예를 들면, 백화점의 편집매장이 그렇다. 옷을 잽싸게 골랐는데도 점원이 계산대가 있는 곳까지 가서 계산하고 돌아오는 데 2, 3분은 기다려야 한다. 더구나 과잉 포장에 경품까지 붙어 있다. 직접 입을 옷이니 비닐봉지에 척 담아 주면 그것으로 충분한데 말이다. 게다가 포인트 카드까지 만들어 주겠단다. 나는 그런 건 갖고 다니지 않으니 "알아서 하세요."라고 말하고 자리를 떠나 버린다.

이처럼 극진한 접객이 고객의 만족도 향상으로 이어진다면 의미는 있을 것이다. 하지만 대다수 가게는 단순히 타성으로 여태까지 하던 대로 접객 스타일을 따라 하고 있는 것으로밖에 보이지 않는다.

이런 '타성' 중에 쓸데없는 것들이 얼마나 많은가?

시간을 잘 사용하고 싶다면 자기 생활 속의 쓸데없는 '타성'을 알아차리는 것이 중요하다.

그리고 뭔가 쓸데없고 번거롭다고 느꼈다면 그것을 어떻게 해결할지를 항상 고민해 보는 습관을 들이자. 대체로 해결할 마음만 있다면, 어떻게든 개선되는 법이다.

나는 "만원 전철은 딱 질색이다."라고 말하면서, 매일 아침 흔들리는 만원 전철을 타고 출퇴근하고 있는 사람이 이렇게나 많이 있다는 것이 믿기지 않는다. 확실하게 말하건대 만원 전철을 기뻐하는 사람은 치한 정도다. 치한이 아니라면 이 무슨 당치도 않은 마조히스트란 말인가? 물론 도시의 활력 유지를 위해 정부나 지자체, 철도 회사 등이 만원 전철 문제의 해소를 연구할 필요는 있을 것이다. 하지만 정말로 만원 전철이 질색이라면 개인 차원에서 얼마든지 개선할 수단은 있다.

만원 전철에 타지 않아도 해결되는 한 가지 방법은 회사 근처에 사는 것이다. 일반적으로 도심부의 집세는 교외에 비해 비싸지만, 아침부터 피곤한 상태로 업무를 보는 것보다 훨씬 생산성이 높으므로 그만큼 많이 벌면 된다. 높은 집세를 부담할 수 없다면 셰어하우스에 입주하는 방법도 있다. 회사에서 근무한다면 재택근무로 할 수 있는 일을 늘려달라는 식으로 교섭하거나, 혹은 차라리 창업까지도 생각해 볼 수 있다.

만원 전철뿐만 아니라 쓸 수 있는 수단을 찾아보려

고도 하지 않고, 그저 현 상태에 대한 불평을 늘어놓기만 하는 사람을 나는 '아저씨'라고 부른다. 중장년이지만 아저씨가 아닌 사람도 있고, 20대지만 빨리도 아저씨가 되는 사람 역시 많다.

어쨌든 자기가 그런 '아저씨'가 되었는지 아닌지 되돌아보기 바란다.

▶▶▶ 30초로 끝나는 메일은 바로 답변하고, 5분으로 끝나는 일은 모두 정리하라

'해야 할 일이 너무 많아서 대체 어디부터 손을 대야 할지 모르겠다.'

시간이 없는 사람 중에는 이런 고민을 지닌 사람도 많으리라 생각한다. 그러나 어째서 일에 우선순위를 정할 필요가 있단 말인가? 우선순위를 정하는 것부터가 수고가 드는 일이다. 그런 일에 낭비할 시간은 없다. 차근차근 모든 일을 해치워 나가면 될 뿐이다.

특히 '5분으로 끝나는 일'은 모조리 끝내 버리자. 메일 답장이나 업무 답변 등은 바로 끝낼 수 있다.

대체로 메일 답장 따위의 약 90% 정도는 30초로 판단할 수 있는 것뿐이다. 확인하고 나서 바로 답장을 보내면 5분도 걸리지 않는다.

'○○ 때문에 30만 엔의 경비가 필요하니 지출을 허가해 주십시오.'라는 메시지가 오면 30초 이내로 판단하고, 문제가 없는 경우 'OK'라고 답장한다. 늘 함께 업무를 하고 있는 멤버라면 메일은 대개 30분 이내로 돌아온다. 바로 판단할 수 있는 사안을 그 자리에서 처리한다면 프로젝트 전체도 원활하게 진행된다. 내가 온종일 답장을 보내 주지 않는 경우는 별로 없다. 의사 결정을 기다리고 있다면, 그만큼 팀 전체의 업무가 밀리기 때문이다.

그러기 위해서는 평소에 툴(tool) 등을 활용해 업무를 일원 관리해 두어야 한다. 쉬운 툴로는 메일이나 라인(LINE) 등의 메신저가 있다. 메일 앱(App. application의 줄임말, 응용 소프트웨어)의 수신 트레이나, 라인의 그룹에는 매일 많은 양의 메시지가 도착한다. 그러면 우선순위 같은 것은 따지지 않고 위에서부터 처리한다.

일일이 판단을 내리며, 그 자리에서 처리할 수 있는 것은 미루지 말고 바로 끝내 버려라. 그렇게 안건을 정리해 간다면 메일 앱의 수신 트레이는 항상 깔끔하게 비어 있어 정신 건강상으로도 상쾌해질 것이다.
'지금 끝낼 수 있는 일은 지금 끝내 버린다.'는 점이 중요하다.

▶▶ 현실에서의 커뮤니케이션은 필요한가?

프로젝트를 진행할 때 무턱대고 대면 커뮤니케이션을 요구하는 사람이나 조직이 아직도 많다. 그러나 직접 만나 회의를 한다고 해도 목표를 정하지 않고, 비생산적인 의논을 반복하다가 이렇다 할 결론도 내지 못하고 끝나는 경우도 적지 않다. 참석자의 스케줄 조정이나 장소 섭외에 비용이 들 뿐만 아니라 의사 결정 속도가 늦어지는 데도 한몫한다.

프로젝트 초기에 실제로 멤버가 얼굴을 맞대고 모여 친밀한 관계를 구축하는 데는 확실히 의미가 있을 수 있다. 하지만 현실에서 자주 만나지 않는다고 프로젝트를 원활하게 진행할 수 없다는 생각은 완전히 잘못된 선입견이다.

라이브도어 시절 나는 메일 중심의 커뮤니케이션을 취하도록 사내에 철저하게 주문했다.

그중 한 가지가 사원 개개인이 그날의 업무 내용, 달성 상황을 적는 일일 보고 메일이다. 사내 전원이 일일 보고를 공유함으로써 업무를 너무 잔뜩 끌어안아 펑크를 낼 것 같은 사람도 파악할 수 있고, 모르는 내용도 서로 가볍게 가르쳐 줄 수 있다.

게다가 사업 프로젝트나 과제 단위로 메일링리스트를 만들어, 보고나 의논도 메일링리스트 상에서 실시하도록 했다. 대면 회의에서 갑자기 브레인스토밍 따위를 한들 그다지 좋은 아이디어가 나오는 것도 아니고, 의논도 활발해지지 않는다. 메일링리스트 쪽이 훨씬 의미 있는 의견 교환을 할 수 있고, 나중에 기록을 참조할 수도 있다. 라이브도어에서는 메일을 활용함으로써 대면 회의의 99%는 삭감할 수 있었다.

나는 현재 회사를 경영하고 있지 않아서 이렇게까지 관리하지는 않지만, 라인의 그룹 기능을 활용해 다수의 프로젝트를 동시 병행으로 체크하고 있다.

라인의 그룹에서 의견 교환을 할 때도 특별한 것은 아무것도 없다. 뭔가 아이디어가 떠오르면 그룹에 글을 올리고, 그룹 멤버의 아이디어나 반응이 좋으면 "그거 정말 엄청 좋네!" 하고 칭찬한다. 기본적으로는 이게 전부다.

리더의 훈시나 대면 회의가 없으면 멤버의 의사 통일을 도모할 수 없다고 생각하는 사람은 커다란 착각을 하고 있다.

많은 사람과 동시에 의견을 교환할 수 있는 라인과 같은 시스템을 도입해 커뮤니케이션을 철저하게 효율화함으로써 팀 내에서의 의논도 활발해지고, 다양한 아이디어가 생겨난다.

커뮤니케이션에서도 결국에는 양이 질을 만드는 법이다.

▶▶▶ 커뮤니케이션 효율화
─일본에서 우버가 유행하는 이유

나는 예전부터 만원 전철을 타는 것이 시간 낭비라고 생각하고 있었으므로 도쿄 도내에서 이동할 때는 기본적으로 택시를 탄다. 직접 자동차를 운전할 일도 없어졌다. 차를 운전하는 동안에는 다른 일을 할 수 없고, 식사할 때 술을 마실 수도 없기 때문이다. 택시가 비싼 것 같아도 운전기사를 상시 고용해 두는 것보다는 훨씬 가성비가 높다.

최근 일본에서는 우버(Uber)라는 고급 택시 배차 서비스가 등장해 나도 애용하고 있다. 미리 스마트폰의 전용 앱에 신용카드 정보 등을 등록해 두면 타고 싶을 때 앱에서 의뢰하는 것만으로 지정된 장소에 택시가 배차된다. 요금은 신용카드에서 자동으로 지불되고, 목적지를 미리 지정해 둘 수도 있기 때문에 승하차도 수월하다.

지불과 의뢰와 같은 커뮤니케이션도 될 수 있으면 효율화하고 싶다고 생각하는 사람이 많다. 그게 바로 일본에서 우버가 유행하고 있는 이유다.

불법이긴 하지만, 앞으로는 자가용 불법 택시, 속칭 '나라시'에서도 우버 같은 서비스가 등장할지도 모른다. 목적지를 스마트폰 앱에 입력하고 지나가던 택시에 타면 운전기사의 태블릿에 목적지가 표시되고, 지불도 자동적으로 이루어지는 식이다.

택시뿐만이 아니다. 나는 주문이나 지불을 할 때 수고를 들일 필요가 없는 서비스가 다양한 분야에서 등장할 것이라고 예상한다. 레스토랑이나 편의점, 슈퍼마켓 등에서도 앱에 카드 정보를 입력해 두기만 하면 자동으로 결제가 처리되어 이용자는 아무것도 할 필요가 없어질 것이다.

그런 서비스가 당연해진다면 언젠가는 전자 화폐로 '삑' 하고 지불하는 것조차 귀찮다고 느껴지게 될지도 모른다.

택시 따위는 타지 않는다고 생각하는 사람이 있을지도 모르겠는데, 이런 커뮤니케이션도 최적화 대상이 된다는 점만 기억해 두었으면 한다.

▶▶▶ 수면 시간을 줄여도
   쓸 수 있는 시간은 늘지 않는다

또, 한 가지 주의해 두었으면 하는 것은 수면 시간을 줄여도 쓸 수 있는 시간은 늘지 않는다는 점이다.

최적의 수면 시간은 사람에 따라 다르겠지만, 나 같은 경우 최소 7~8시간은 자고 싶다. 제대로 된 수면 시간을 취할 수 없다면 낮잠 시간을 확보하거나 이동 중에 잘 수 있도록 궁리해야 한다. 충분한 수면 시간을 취함으로써 깨어 있는 동안의 생산성을 높일 수 있다. 제대로 자는 것은, 곧 시간 절약이기도 하다.

자투리 시간을
'최적화'하라

▶▶▶ '자투리 시간'을 철저하게 활용하자

흔히 '자투리 시간을 활용하라.'는 말도 듣는다. 기다리는 시간이나 조금 빈 시간 등 사소한 시간은 누구에게나 생길 것이다.

자투리 시간을 최적화한다는 말은 쓸데없이 기다리는 시간을 줄이는 것뿐만이 아니다. '자투리 시간' 자체를 유효하게 활용해서 최적화를 모색하는 방법도 있다. 모든 사람이 사용하고 있는 '스마트폰'이 자투리 시간 활용법을 크게 변화시키고 있다.

앞에서도 말했지만, 나는 도쿄 도내를 이동할 때 택시를 탄다. 전철과는 달리 택시라면 이동 시간을 활용해서 여러 가지 업무를 소화할 수도 있다.

스마트폰이 없던 시절에 나는 택시를 타고 있을 때 휴대전화로 부하를 호출해서 지시를 내리거나 문자를 보냈다. 요즘에는 스마트폰으로 할 수 있는 일이 현저히 늘어나고 있다. 내가 자주 사용하는 앱은 라인과 뉴스 앱이다. 라인을 사용하면 여러 사람에게 실시간으로 메시지를 보낼 수 있으므로 통화나 문자를 보내는 것보다 훨씬 효율적으로 커뮤니케이션할 수 있다. 시간이나 장소의 제약을 받을 일 없이 많은 비즈니스를 동시 병행으로 진행할 수 있게 되었다.

장소에서 다른 장소로 이동하는 시간이 반드시 쓸데없다고 단정할 수는 없다. 이동 중에 별도의 일을 할 수 있는 환경, 툴만 마련해 둔다면 이동 시간은 생산성을 높이는 귀중한 시간으로 바뀐다.

▶▶▶ 스마트폰이 자투리 시간을 '가치 있는 시간'으로 바꾼다

애초에 '기다리는 시간'에 스마트폰을 들여다보는 것 자체가 중요한 일이기도 하다.

지인과 레스토랑에서 식사를 하고 있다가 그 사람이 잠시 자리를 비우면 여태까지는 멍하니 있을 수밖에 없었다. 하지만 스마트폰이 있으면 그 짧은 시간뿐이라도 상당한 일을 해치울 수 있다. 정보를 수집해도 되고, 업무의 진척 상황을 확인해서 답장을 보낼 수도 있다.

'스마트폰 의존'을 문제시하는 사람도 있는데, 중요한 것은 스마트폰을 어떻게 사용하느냐다. 70억 인구가 자투리 시간을 사용해서 지금까지 할 수 없었던 일을 할 수 있게 된다고 생각해 보라. 그럼으로써 엄청난 가치가 생겨나고 있다는 사실을 더욱 인식해야 할 것이다.

얼마 전까지는 인터넷으로 뉴스를 보려면 컴퓨터의 웹 브라우저를 열고 뉴스 사이트에 접속해야 했지만, 스마트폰은 그런 뉴스의 시청 스타일도 바꿔 놓았다. 라인 뉴스나 스마트 뉴스 등의 앱을 사용하면 순식간에 스마트폰의 화면에 뉴스 일람이 표시된다. 이런 뉴스 앱에는 뉴스 선정이나 표시 방식에 아이디어가 녹아들어 있기 때문에 수십 초에서 3분 정도의 자투리 시간만으로도 다양한 분야의 뉴스를 대강 파악할 수 있다. 그런 뉴스 중에 비즈니스 기회로 연결되는 정보가 있을지도 모른다고 생각하면 자투리 시간에 스마트폰을 보는 것도 무시할 수가 없다.

덧붙이자면, 내가 발행하고 있는 메일 매거진도 스마트폰을 사용해서 자투리 시간에 읽기 쉽도록 여러 가지로 아이디어를 내고 있다. 콘텐츠의 분량은 상당하지만, 각각의 기사는 짧은 시간에 읽을 수 있도록 간략하게 정리하고, 줄 간격도 스마트폰에 맞춰서 조정하고 있다. 앞으로는 정보의 수집·발신이든 비즈니스 런칭이든 스마트폰 없이는 불가능하다.

이런 자투리 시간은 거대한 비즈니스 기회이기도 하다. 일본의 광고 기업 덴쓰(Dentsu Inc.)의 〈2014년 일본의 광고비〉에 따르면 TV 광고비는 2.8% 증가한 1조 9,564억 엔이었다. 반면에 인터넷 광고비는 전년 대비 12.1% 증가한 1조 519억 엔으로 TV 광고의 절반에 달하면서 두 자릿수 성장을 계속하고 있다. 인터넷 광고 중에서도 특히 모바일 광고는 다른 매체가 진입하지 못했던 사소한 자투리 시간의 시장을 개척하고 있다.

스마트폰에 의해 업무 방식도 바뀌고 있다. 스마트폰으로 구인 정보를 검색하는 것은 이제 당연해졌는데, 업무 자체를 스마트폰으로 할 수 있는 서비스도 등장했다. SNS상에서 기업의 PR 활동을 함으로써 보수를 얻을 수 있는 서비스도 있다. 몇 분 정도의 자투리 시간을 돈으로 변환할 수 있게 된 것이다.

나는 상당수의 비즈니스를 동시에 진행하고 있는데 이 역시 스마트폰이 있기에 가능한 일이다. 거꾸로 말해 스마트폰을 갖고 있다면 '시간이 없다.'는 변명은 이제 통하지 않는다.

▶▶ 자투리 시간은 5~10분짜리 업무를 보는 시간

자투리 시간이 자주 생긴다면 자투리 시간 동안 할 일을 미리 정해두자.

예를 들어, 나 같은 경우 원고 체크 등 5~10분 만에 끝낼 수 있을 법한 일은 5~10분 정도 비는 시간이 생겼을 때 하고 있다. 차로 30분 이동할 경우, 앱 체크를 10분 정도 하고 나서 나머지 20분은 원고가 2개 있으니 원고 2개를 체크하는 식이다. 그 밖에 뉴스 앱이나 트위터로 정보를 얻거나, 라인 그룹을 체크해서 답변하는 등 10분 정도로 할 수 있는 일은 많다. 그런 일들을 차근차근 해치우는 것이다.

10분 정도짜리 업무는 자투리 시간에 하는 것도 한 가지 방법이다.

▶▶▶ 달리기에 '러닝머신'이 좋은 이유

자투리 시간 이외에도 더욱 효율화해서 사용할 수 있는 시간이 있다.

'무리하지 않고 동시에 할 수 있는 것'을 해서 시간의 밀도를 높이는 방법이다.

나는 피트니스에도 시간을 투자하고 있다. 맛있는 식사를 즐기다 보면 아무래도 칼로리를 과잉 섭취하게 되기 때문에 살이 찐다. 체력 단련까지는 하지 않더라도 체형은 어느 정도 슬림하게 유지해 두고 싶어서 매일 달리기나 웨이트 트레이닝을 소화하고 있다.

하지만 실외에서 달리기하는 동안에 할 수 있는 것이라고는 고작 음악을 듣는 것 정도다. 이래서야 시간이 아깝다. 그래서 달리기를 할 때는 실내에서 러닝머신을 사용하기로 했다. 달리는 동안에는 역시 힘들기 때문에 음악을 듣거나 TV로 정보 프로그램을 보거나 하는 정도지만, 그렇더라도 실외에서 달릴 때보다는 많은 정보를 얻을 수 있다. 음악도 똑같은 곡을 돌려가며 듣는 것이 아니라 최신 히트곡을 들으려고 한다. 그렇게 곡이나 가사를 익혀 두면 젊은 친구들과 노래방에 갈 때도 대화가 통할 수 있게 된다.

또 러닝머신에서 달리기를 할 때는 몇 분 간격으로 인터벌을 주고 있다. 인터벌이라고 해도 완전히 멈추는 것이 아니라 빠르게 걷기 정도로 속도를 떨어뜨린다. 달리기를 통해 대사가 높아진 상태라면 빠르게 걷기만 해도 나름대로 지방 연소 효과가 있다. 그리고 이런 인터벌 시간에 역시 스마트폰을 사용해서 업무를 처리할 수 있다.

웨이트 트레이닝 중에 근육을 쉬게 하는 1~2분 동

안도 스마트폰이다. 실외에서 달리거나 걷거나 하면서 스마트폰을 사용하는 것은 위험하지만, 실내에서라면 그럴 걱정도 없다.

지방에 출장을 갈 때는 호텔 방에 러닝머신이 없거나 헬스장이 없는 경우가 많아서 어쩔 수 없이 밖에서 뛰지만, 그때도 막연하게 뛰지는 않는다. 길거리가 어떻게 생겼는지 같은 것을 생각하면서 뛰고 있다.

자신만의 특기(핵심 가치)에 시간을 투자하라

▶▶ 잘하는 사람에게 외주를 맡겨라

자기 시간을 자유롭게 사용하려면 철저하게 쓸데없는 시간을 줄이거나 자투리 시간을 활용할 필요가 있다고 설명했다.

하지만 자기가 혼자서 아무리 노력하더라도 개선에는 한계가 있다. 따라서 유익한 시간을 만들어 내려면 적극적으로 외주를 활용해야 한다. 남에게 일을 맡기지 않고, 진정한 의미에서의 개선을 실현하기란 불가능하다.

나는 지금 호텔에서 생활하고 있다 보니 청소나 세탁 등의 잡일은 전부 호텔 직원에게 맡기고 있다. 취사는 하지 않고, 식사는 전부 외식으로 해결한다. 이동할 때도 직접 차를 운전하거나 하지는 않고, 택시를 이용한다. 내가 그런 잡일을 한다고 뭔가가 생겨나는 것은 아니므로 그런 일을 잘하는 사람이나 회사에 전부 맡겨 두면 된다.

지금 당신이 직접 하고 있는 일 중에 남에게 맡길 수 있는 일은 없을까?

나는 호텔 생활을 하지 않는다 해도 청소, 세탁, 취사 등의 살림을 직접 할 생각은 없다. 도우미를 고용하면 끝나는 이야기다. 옷 고르기라고 해도 패션 감각이 좋은 친구에게 맡기는 쪽이 훨씬 멋있어질 수 있다.

도우미를 고용하기가 부담된다고 생각할지도 모르겠지만, 최근에는 저렴한 가사 대행 서비스가 많이 등장하고 있다. 도쿄 도내의 경우 시간당 2,500엔 정도에 가사 대행 서비스를 이용할 수 있으므로 2만 엔이면 8시간, 일주일에 2시간씩 와 달라고 할 수 있다. 꼭 집안일을 통째로 외주를 맡길 필요는 없다. 식사도 외식을 하거나, 포장해 와서 집에서 먹거나, 배달 서비스를 활용하면 수고를 크게 덜어 낼 수 있다. 파김치 상태로 귀가하고 나서 집안일까지 소화하느라 수면 시간을 희생하기보다 가사 대행을 부탁해서 업무 생산성을 확실하게 높이는 쪽이 싸게 먹히는 경우도 많을 것이다.

당연히 업무에서도 잡무는 철저하게 남에게 맡긴다. 사실, 어떤 일이든 잘하는 사람에게 맡기지 않는다면 애초에 회사가 있을 의미가 없다.

나는 창업 초기부터 세무나 회계에 관해서는 외부 전문가에게 모든 것을 통째로 넘겨 왔다. 형식적인 메일 주고받기나 각종 신청 서류 기재, 지불 수속 등은 담당 직원을 고용하거나 외주를 맡겨 철저하게 직접 하지 않고자 했다. 스케줄 조정도 수고가 드는 데 비해서 전혀 생산적이지 않기 때문에 매니저에게 통째로 넘겼다.

요즘은 인터넷을 통해 업무를 의뢰할 수 있는 크라우드 소싱(Crowd Sourcing) 서비스를 얼마든지 사용할 수 있게 되면서 상주 직원을 고용하지 않고도 상당한 업무를 외주로 돌릴 수 있게 되었다. 일단은 자기 일 중에 외주로 맡길 만한 것은 없는지 고민해 보고, 전문가를 알아보거나 지인에게 의뢰해 보는 것이 좋다.

업무 이외에서도 그렇다.

나는 옷을 인터넷 몰에서 거의 구입하는데 '어떤 옷을 살지'도 남에게 맡겨 버린다. 패션 감각이 좋은 지인에게 "쌀쌀해졌는데 뭔가 입을 만한 재킷 없어?" 같은 식으로 물어보면 "이런 옷이 어울리지 않을까?" 하고 바로 정보를 보내 준다. 그러면 그 옷을 인터넷 몰에서 골라 결제하기만 하면 된다. 이로써 쓸데없는 시간을 소비하지 않고 내게 필요한 옷을 구할 수 있다.

▶▶▶ '핵심 가치'를 압축해 내면, 해야 할 일만 하면 되는 환경을 만들 수 있다

내가 봤을 때 사람들 대부분은 잘하지 못하는 것까지 무리하게 직접 하려고 하다가 펑크를 내 버리고 만다. 혹은 자기가 가진 스킬이나 자격에 지나치게 얽매여 그것과 관련된 일은 전부 직접 해야 한다는 선입견을 갖고 있다.

자기가 해야 할 진정한 일, 즉 자신이 가진 '핵심 가치'가 가려져 있는 것이다.

예를 들어, 책을 낸다고 생각해 보자. 당신은 재미있는 서적 기획을 떠올렸지만, 그쪽 분야에 관한 지식도 없는 데다 책을 써 본 경험도 없다. 그럴 때 어떻게 할 것인가?

몇 년씩에 걸쳐서 지식을 쌓고, 문장을 쓰는 연습을 한 다음에 결과물을 출판사에 들고 간다? 그렇게 하는 사이에 모처럼의 기획은 구닥다리가 된다. 그렇다고 아마추어가 서적을 출판하는 것이 무리냐고 한다면 그렇지는 않다. 다만 전부 직접 하려는 생각 때문에 무리가 되어 버리는 것이다.

그렇다면 어떻게 하면 될까? 답은 단순하다.

자신에게 콘텐츠가 없다면 콘텐츠를 갖고 있는 사람에게 이야기를 들으러 가면 된다. 세간에는 아직 그리 메이저가 아니더라도 재미있는 콘텐츠나 발상을 갖고 있는 사람이 많다. 인터뷰나 집필이 서툴다면 그걸 잘하는 사람에게 외주를 맡기면 된다. 홍보가 서툴러도 역시 외주를 맡긴다. 기획이 재미있다면 하고 싶다는 사람이 나타날 테고, 그 사람들과 이익을 분배하면 될 것이다. 출판사에 기획을 들고 갔는데도 거절당한다면 자기가 직접 전자책을 만들어서 인터넷 서점에 파는 것도 가능하다.

실제로 내가 서적을 만들 때는 철저하게 남에게 맡기고 있다. 이전에 냈던 《역전의 업무론》이라는 책은 8인의 혁신가가 말하는 업무론을 정리한 것이다. 이 서적 프로젝트에서는 출판사의 편집자가 후보가 될 만한 사람을 몇 명 골라 주었고, 나는 그중에 누구와 누구를 선택해야 책이 재미있어질지를 생각했다.

8인을 선정한 시점에서 내가 해야 할 일은 거의 끝난 것이나 마찬가지다. 다음에는 편집자가 각각의 후보자에게 오퍼를 내고, 신뢰할 수 있는 유능한 작가에게 인터뷰와 집필을 맡긴다. 그렇게 완성된 원고에 내가 1,600자 정도 코멘트를 작성한다. 코멘트를 쓰는 데 드는 시간은 대체로 한 권에 20분 정도 될까.

《역전의 업무론》의 핵심 가치는 콘셉트와 인물 선정, 그리고 내 코멘트에 있다. 그러므로 나는 거기에만 집중하면 되었다.

이제는 새로운 비즈니스를 시작할 때도 마찬가지다. 큰 틀의 방향을 정했다면 기본적으로 사장직을 맡길 수 있는 사람을 찾아서 그 사람에게 맡긴다. 비즈니스 런칭 초기에는 진척 상황 등도 라인 등을 통해 체크하고 세세하게 관리하지만, 그 사람들이 익숙해지면 내가 부담할 일은 거의 없어진다.

이를 반복해 간다면 여러 개의 비즈니스도 동시에 진행할 수 있다. 비즈니스를 동시 병행으로 진행하기가 큰일이라고 생각할지도 모르지만, 실제로는 한 가지 비즈니스만을 진행할 때보다 훨씬 효율이 높다. 마케팅이나 광고 등의 노하우도 사업간 상호 연계할 수 있기 때문이다. 라인이나 스카이프(Skype)와 같은 툴을 사용함으로써 시간이나 장소의 제약에 구애받지 않고 자유롭게 비즈니스를 전개할 수 있게 되었다.

자기가 하지 않아도 되는 일은 계속 떼어 내어 남에게 맡기고, 자기밖에 할 수 없는 핵심 가치에 집중한다. 청소도, 스케줄 조정도, 책 집필도, 내가 하지 않아도 된다. 그렇게 함으로써 지금까지보다 더욱 많은 것을 소화할 수 있다. 역시 수면은 남에게 맡길 수 없지만, 장래에는 수면 시간을 사고팔 수 있는 서비스가 등장할지도 모른다. 그렇게만 된다면 나는 남의 수면 시간을 사들여서 나 대신 자 달라고 하고 싶다.

기획력이 있다든지, 판매력이 있다든지, 말하는 것은 잘한다든지 등 누구든지 자신의 핵심 가치가 될 만한 것은 어떤 식으로든 갖고 있다고 생각한다. 그러나 혼자서 뭐든지 하려고 한다면 자기밖에 할 수 없는 일을 점차 깎아 먹게 된다. 그것이야말로 인생의 낭비가 아닐까?

▶▶ 하고 싶은 것을 점차 해 가다 보면 '자신의 핵심 가치'를 찾을 수 있다

자신의 핵심 가치가 무엇인지는 머리로 생각한다고 알 수 있는 것이 아니다. 스킬이나 자격이 있다고 해서 그것이 핵심 가치라고는 단정할 수 없다. 우선 하고 싶은 것은 전부 해 보고, 자기 혼자서는 도저히 답이 안 나올 때 남에게 일을 맡기고, 그 뒤에 남은 것이 당신의 핵심 가치다.

뭔가 비즈니스를 떠올렸을 때도 '필요한 자격이나 스킬을 익히고 나서 창업하자.'는 것은 순서가 반대다. 자격에 의지하는 것이 아니라 어떤 비즈니스를 하고 싶은지를 생각한 후에 자격이나 스킬이 필요해지면 그것이 가능한 사람에게 외주를 맡기면 된다.

한 가지 보충하자면, 외주를 맡길 때는 맡기는 일의 내용을 자신이 확실하게 이해하고 있어야 한다. 예를 들어 회계나 경리 업무를 세무사에게 통째로 넘겼다고 말했지만, 대차 대조표 등 회계의 기본적인 구조는 이해한 다음에 넘겨야 한다. 무엇보다 회계의 기본은 어렵지 않다. 고등학생도 취득할 수 있는 부기 3급 정도의 지식만 있어도 충분하다.

내 메일 매거진에는 서비스나 앱 프로그래밍을 직접 할지 외주를 맡겨야 할지와 같은 질문이 빈번하게 도착한다. 프로그래밍을 해 본 적이 없는 사람의 경우, 우선 직접 프로그래밍을 해 보기를 추천한다. 프로그래밍에 맞는 사람과 맞지 않는 사람이 있고, 자기가 직접 한다고 해도 모든 작업을 할 필요는 없다. 앱 아이콘이나 그래픽은 프로그래밍 스킬과는 별개로 디자인 감각도 요구된다. 하지만 어느 정도 프로그래밍 지식이 없으면 외주처에 어떻게 지시를 내리면 좋을지를 모르니 생각한 대로 성과물이 나오지 않거나 바가지를 쓰게 된다.

최단 거리로
배워라

▶▶ 공부에 쓸데없는 시간을 들이지 마라

뭔가 새로운 것을 시작할 때 '자격을 따거나 스킬을 익히기 위해 공부해야 한다.'고 생각하는 사람이 실로 많다. 그리고 교과서로 처음부터 공부하려고 했다가 결국 좌절해 버리거나, 딱히 도움도 되지 않는 자격을 따기 위해 몇 년이나 쓸데없는 시간을 들이곤 한다.

대체 어째서 모두 이토록 성실한 걸까? 내게는 학교 선생이 말하는 것을 통째로 익히는 권위주의로밖에 보이지 않는다.

취득만 하면 이후에 쭉 편한 자격이나 스킬 따위는 거의 없다. 중요한 것은 자격이나 스킬을 어떻게 활용하느냐다. 최근에는 국가 자격인 변호사 자격을 따고도 워킹푸어(working poor, 빈곤 근로자층)로 전락한 사람이 많다고 들었다. 당연한 일이다. 자격을 땄다고 해서 아무런 영업 없이 자동으로 일거리가 들어올 리가 없다. 많은 사람이 따고 싶어 하는 자격을 갖고 있는 것만으로는 남들과 차별화되지 않는다.

영어도 그렇다. 영어 회화 학원에 다녔다고 영어 실력이 뛰어나게 된 사람을 주변에서 본 적이 없다. '영어를 할 수 있으면 장래에 무언가 좋은 일이 있을 것 같다.'는 정도의 목적의식으로는 계속 공부할 수가 없다. 어떻게든 사귀고 싶은 미국인이 있다든지 하는 식으로 명확한 목표가 없으면 계속하기가 어렵다. 그러나 업무상 꼭 영어를 사용해야 할 일이 생겼다면, 차라리 통역을 고용하면 된다는 생각도 가능하다.

나는 예전부터 자격을 따는 것에 관심은 없었지만, 고향을 탈출하려고 부모님을 설득해서 도쿄대 입시 공부를 했다. 고등학교 1~2학년 동안은 아무것도 공부하지 않아서 뒤처지는 학생이었다. 입시 공부를 시작한 때는 고등학교 3학년 6월이었기 때문에 동급생들처럼 꾸준하게 하는 정공법으로는 시간이 부족했다. 그래서 도쿄대의 기출 문제(소위 말하는 '족보')를 구입해서 출제 경향을 분석했다.

분석의 결과로 도출한 결론은 도쿄대 입시의 포인트는 영어! 그리고 영어 단어만 통째로 암기하면 영어 실력을 강화할 수 있다는 점이었다. 예문이나 파생어도 실려 있는 200쪽짜리 단어장을 하루에 딱 2쪽씩 암기했다. 나머지는 오로지 기출 문제를 푸는 것과 수면을 제대로 취하는 것뿐이었다.

나는 도쿄대 재학 중에 창업을 했는데, 확실히 도쿄대라는 브랜드의 위력을 통감했다. 작은 회사였어도 신용을 얻고, 히치하이킹을 해도 운전자가 안심하고 태워 준다. 앞으로 대학을 목표로 한다면 도쿄대를 목표로 삼을 가치는 있다. 하지만 도쿄대보다 브랜드 가치가 낮고 수업료가 비싼 대학에 가는 것은 의미가 없고, 도쿄대에 들어간다 해도 평생 편해지는 것도 아니다. 뭔가 자격을 얻겠다면 얻을 수 있는 가치와 얻기 위한 비용을 비교해서 바람직한지 아닌지를 판단해야 한다.

도쿄대 입시 공부를 할 때는 나도 상당히 집중해서 영어를 공부했지만, 흥미가 있어서 공부하더라도 도저히 이해가 잘 안 되는 분야는 분명히 존재한다.

하지만 자신이 모든 분야에 정통할 필요는 없다.

예를 들어, 나는 물리나 화학 과목은 세부적인 내용까지 이해하기를 포기했다. 자신이 취약한 분야는 어떤 내용인지만 대충 파악하고, 중요한 키워드를 통째로 암기하면 충분하다. 몇 번이나 말했지만, 하고 싶은 것을 하려면 남에게 맡기는 것이 중요하다. 만약 어떤 분야의 지식이 필요해지면 대충 이해하고 나서 잘 아는 사람에게 맡기면 된다.

▶▶▶ 체계적으로 배우려고 하지 마라

대체로 간단하게 배우는 방법은 얼마든지 있는 법이다. 체계적으로 배울 필요가 전혀 없다.

예를 들면, 기타가 그렇다. 기타를 칠 줄 알면 멋있을 것 같은 생각에 혼자 연습하기 시작했는데, 기초를 매일 꾸준히 연습하자니 딱 질색이었다. 그때 마침 단골 가게에 기타를 잘 치는 기타리스트가 있어서 가게 문을 열기 전에 교습을 받기로 했다.

이 기타리스트의 교수법은 매우 단순해서 학생들에게 기초 훈련 따위는 시키지 않는다. 간단한 코드 몇 가지와 그 코드로 칠 수 있는 곡을 가르치는 게 전부다. 유명한 'Stand by me'라는 곡에는 A와 F#m, D, E의 네 가지 코드가 사용된다. 초심자라도 쉽게 잡을 수 있다. 이것만 기억해도 직접 'Stand by me'를 연주할 수 있다는 데 감탄했다.

코드 악보에 언뜻 잡기 어려운 코드가 적혀 있어도 키(key)를 하나둘씩 올리거나 내리다 보면 쉬워지는 곡도 많다. 스마트폰 앱을 사용하면 키를 올리거나 내렸을 때 코드가 어떻게 바뀌는지도 알 수 있다. 그렇게 하면 자기가 알고 있는 간단한 코드만으로도 칠 수 있는 곡이 의외로 많다는 사실도 알게 된다.

열 곡 정도 외워 놓으면 제법 기타리스트 분위기가 나면서 조금 어려운 코드에도 도전하고 싶어진다. F 코드(왼손 검지로 모든 스트링을 한 번에 눌러야 해서 잡기 어려운 코드다.)도 어떻게든 해 보고 싶어지는 것이다. 처음에는 힘으로만 스트링을 누르려다 보니 F 코드가 좀처럼 제대로 나오지 않는데, 이리저리 시도해 보는 동안에 딱 적당하게 힘을 넣는 방법을 이해할 수 있다. 처음부터 어려운 F 코드를 제대로 잡아 보겠다고 하다가 좌절하기보다는 해 보고 즐거운 것부터 시작하는 편이 훨씬 효과적이다.

일이든 어떤 지식이든 굳이 체계적으로 배우느라 재미없는 학습법을 고집하다가 도중에 좌절해 버려서야 말짱 도루묵이다.

배우는 내용에 따라서는 독학보다 다른 사람 옆에서 배우는 쪽이 좋은 경우도 많다. 내게 기타를 가르쳐 주고 있는 기타리스트는 초심자를 가르치는 데 능숙해서 내 의욕을 끌어올려 준다. 골프는 예전부터 어느 정도 치는 편이었는데 언젠가 교수법에 능숙한 트레이너와 만나면서 스킬을 더욱 신장시킬 수 있었다.

교수법이 뛰어난 트레이너를 만나기 위해 특별한 인맥은 필요 없다. 지인의 연줄에 도움을 받거나 인터넷을 검색하면 평판 좋은 트레이너를 얼마든지 찾아

낼 수 있다. 무엇보다 최고의 프로페셔널이라고 해서 좋은 트레이너라고는 단정할 수 없으므로 그 점에 주의해야 한다. 괴상한 의성어 코칭으로 유명한 야구 감독 나가시마 시게오(일본 프로야구단 요미우리 자이언츠의 종신 명예 감독) 씨에게 아마추어가 "휙! 해서 캉! 하고 치는 거야."라는 조언을 백날 들어본들 타격 스킬은 오르지 않는다.

▶▶▶ 무엇을 배워야 하는지는 그때가 되지 않으면 알 수 없다

학생이든 사회인이든 확실히 진지하게 배워야 할 때도 있다.

학창 시절부터 나는 웹 사이트 제작을 다루게 되었는데, 이 무렵은 아직 IT 업계의 여명기였기 때문에 해본 적이 없는 일만 의뢰받았다. HTML이나 다양한 프로그래밍 언어, 데이터베이스 등 모르는 기술은 여기저기서 책을 구해다가 배웠고, 그렇게 배운 내용을 업무에 활용해 갔다.

만약 내가 일하기도 전부터 이것저것 따지며 '이런 지식도 공부해야 하고, 저런 경험도 쌓아 두어야 한다.'라는 식으로 생각했다면 쓸데없는 학습 때문에 시간을 낭비하게 되었을 것이다.

해 본 적 없는 일을 시작할 때, 어떤 지식이 있어야 충분한지를 대체 어떻게 미리 알 수 있다는 말인가? 처음부터 그런 식으로 장벽을 치기 때문에 스스로 본인이 만든 벽에 부딪혀버리고 만다.

무언가를 하기 전에 공부하는 것이 아니라, 하고 싶은 것을 하면서 배워 가는 것이 중요하다. 앱이나 웹 서비스를 만들어 보고 싶다면 입문서를 사서 책에 실려 있는 샘플 코드를 우선 입력해 보자. 샘플 코드를 이리저리 고쳐보면서 어떻게 해야 만들고 싶은 앱이나 서비스를 완성할 수 있을지 생각해 보자. 그렇게 반복해 가는 동안 지식은 저절로 몸에 익혀지는 법이다.

이는 다른 분야에서도 꼭 들어맞는다. 지식이 제로인 상태로 인터넷 비즈니스를 시작하고 싶다면 블로그를 개설해서 아마존 제휴 프로그램이라도 직접 사용해 보자. 어떤 식으로 상품을 소개하면 될지, 어떻게 해야 소비자를 끌어모으는지는 해 보는 동안에 파악될 것이다.

이것저것 따져가며 가만히 있지 말고 일단 움직여라. 그렇게 하면 다음에 해야 할 일이 보이게 된다.

어떻게든 하고 싶은 것, 해야만 하는 것에 몰두하면서 필요한 정보를 받아들이고, 지식을 몸에 익혀 가는 쪽이 훨씬 효율이 높다. 해 보다가 모르는 것이 생기면 남에게 물어보거나 부탁하기만 하면 된다.

▶▶ 정보는 외우는 것이 아니라 온몸으로 맞는 것

꾸준히 자격증을 공부하기보다 훨씬 중요한 것은

항상 정보를 샤워기에서 나오는 물처럼 맞아야 한다는 점이다.

일상생활에서도 정보의 접근 여부에 따라 생활의 질이 크게 달라진다.

예를 들어, 조금이라도 싸게 장을 보겠다고 슈퍼나 할인 마트를 몇 개씩이나 돌아다니는 것은 시간 대비 효과가 대단히 나쁘다. 가격 비교 사이트나 인터넷 통신 판매의 존재를 알고 있다면 원하는 물건을 몇 분만에, 그것도 싼 가격에 구할 수 있다. 항상 이용하는 상품이라면 정기 배달 서비스를 이용함으로써 주문할 수고조차 불필요해진다. 서비스의 존재를 알고 있는지 여부로 몇 시간이나 되는 시간을 절약할 수 있는 것이다. 여태까지 사용했던 스마트폰 앱을 다른 새로운 앱으로 갈아탐으로써 작업 효율이 매우 향상되는 경우도 있다.

기다리는 시간을 줄이고 자투리 시간을 유효하게 활용하는 것이 중요하다고 말했는데, 그걸 어떻게 실현할지 역시 정보에 달려 있다. 가사 대행 서비스의 존재를 알아야 번거로운 집안일을 외주로 맡기자는 발상이 생겨난다. 새로운 앱이나 기기를 사용하거나, 다른 사고방식을 도입함으로써 이제까지 할 수 없었던 작업을 자투리 시간에 소화하는 것이 가능해질지도 모른다.

정보를 얻는 것은 생산성을 높일 뿐만 아니라 인생의 기회를 넓혀 준다. 주변의 예를 들자면 새로 나온 가요도 훌륭한 정보다. 지금 유행하고 있는 가요를 외우고, 노래할 수 있으면 어떤 키워드가 젊은 세대의 마음을 울리는지 저절로 알게 된다. 젊은 사람들과 공통의 화젯거리를 찾는 데 애를 먹는 아저씨들이 많은 것 같은데, 항상 똑같은 레퍼토리만 부르지 말고, 젊은 세대의 신곡을 적극적으로 부른다면 커뮤니케이션이 쉽게 통할 수 있을 것이다.

게다가 사람들 대부분이 아직 경험하지 못한 새로운 이벤트나 작품, 서비스, 기술을 남들보다 빠르게 접함으로써 미래가 어떻게 변할지를 내다볼 수 있게 된다.

당신이 누군가에게 일을 발주할 때도, 새로운 정보를 알고 있는 영업 사원과 그렇지 않은 영업 사원이 있다면 전자에게 안건을 맡기고 싶어질 것이다. 단순히 정보를 아는 데 그치지 않고, 업계나 사회의 동향이 어떤지가 자기 나름대로 보인다면 다음에 어떤 트렌드가 올지를 자연스럽게 알게 될 것이다.

▶▶▶ 가치는 '아이디어'가 아닌 '실행력'에 있다

"창업할 때 어떤 공부를 해야 아이디어가 나올까요?"라고 물어보는 경우도 많은데 그런 사람은 당치도 않은 착각을 하고 있다.

꾸준히 공부하다 보면 누구도 떠올리지 못했던 근

사한 아이디어를 떠올릴 수 있다? 그건 환상이다.

요즘은 아이디어 자체의 가치 따위가 없어진 시대다. 모든 정보나 아이디어는 다 나와 있고, 진정한 의미에서 획기적인 아이디어 같은 건 흔치 않다. 필요한 정보는 인터넷을 검색하면 대부분 찾을 수 있다. 비즈니스 아이디어 역시 자기 머리만 가지고는 무리하게 쥐어 짜낸다 해도 대단한 것이 나올 리가 없다.

그러나 세상에는 아이디어가 넘쳐나고, 그것들을 조합해서 정리하기만 해도 새로운 아이디어는 쉽게 만들어낼 수 있다.

아이디어의 가치는 폭락했지만, 그 대신에 중요해진 것이 바로 실행력이다. 아이디어는 얼마든지 굴러다니고 있기 때문에 나머지는 하느냐, 안 하느냐에 달려 있다.

이야기를 들으면 '뭐야, 그게 다야?'라고 생각하겠

지만, 정보를 얻어 실행하기만 해도 인생은 완전히 달라진다.

▶▶▶ 정보의 양이 질을 만든다

"호리에 씨 정도 되면 보통 사람들은 모르는 정보가 얼마든지 들어오지요?"라고 말하는 사람도 있다.

내가 뭔가 특별한 인맥이나 툴을 통해 남들과는 다른 정보를 얻고 있는 것은 아닐까 하고 생각할지도 모른다.

그러나 내가 보고 있는 정보는 분명 당신이 보는 정보와 똑같다.

예를 들어, 내가 지금 주요 정보원으로 사용하고 있는 것은 스마트폰 앱이다. 일본의 미디어 서비스인 구노시(Gunosy)나 스마트 뉴스, 라인 뉴스, antenna, NewsPicks와 같은 뉴스 큐레이션 앱이나 트위터 등의 SNS로, 특별한 것은 아무것도 사용하고 있지 않다.

만약 내가 다른 사람과 다르게 보이는 것이 있다면 그건 바로 **정보의 양**인 것 같다. 나는 분명 당신이 평소에 보고 있는 정보의 양보다 한 자릿수만큼 더 많은 양의 정보를 보고 있다고 단언할 수 있다. 중요한 것은 압도적인 정보량과 그것을 처리하는 횟수다.

기본적으로 관심 있는 분야 위주로 보지만, 필요에 따라서는 패션 뉴스나 맛집 소식까지 훑어본다.

또 새로운 뉴스 앱이 출시되거나 업데이트될 때는 바로 설치해서 편의성을 확인하거나 평소 보지 않는 분야의 뉴스도 챙겨 보는 식으로 그때그때 방식을 미세 조정한다. 관심이 없다고 여기고 있던 분야 중에서도 유익한 정보는 있고, 그것이 뇌를 자극해 주기도 하므로 무턱대고 멀리하지는 말아야 한다.

의도적으로 '**노이즈**'도 받아들이려고 한다. 트위터에서 나와 의견이 다른 사람을 팔로우하거나 의견이 맞지 않는 사람의 잡지 칼럼을 읽는다는 뜻이다. 이런 사람들의 의견을 읽다 보면 당연히 화가 나지만, 내 안에 존재하는 편견을 바로잡는 효과가 있다.

스마트폰 앱 이외에도 주변에는 다양한 정보가 넘쳐나고 있다.

많은 사람과 만나서 이야기해 보고, 카페의 옆자리에서 주고받는 대화에 귀를 기울여라.

어쨌거나 항상 양질의 정보를 될 수 있으면 많이, 샤워기에서 나오는 물을 맞듯이 받아들여라. 그리고 정보를 받아들이는 방식도 항상 개선을 반복해라. 예를 들어, 기사가 잘 요약되어 똑같은 시간 내에 더욱 많은 정보를 얻을 수 있는 앱이 있다면 그 앱으로 갈아타거나, 더욱 정보를 많이 받아들일 수 있게끔 자투리 시간 활용법을 궁리해라.

정보가 잘 정리되어 있는 곳을 찾는 것도 개선의 일례다. 예를 들어, 해외 기술 동향이라면 시간을 투자해서 영어 뉴스를 하나하나 읽기보다는 관련 뉴스를 구독하고 있는 사람을 팔로우함으로써 손쉽고도 빠르게 정보를 받아들일 수 있을 것이다.

▶▶ 많은 정보를 접함으로써 정보 감별사가 될 수 있다

그렇다면 양질의 정보와 그렇지 않은 정보의 차이는 무엇일까? 명확한 기준이 따로 있지는 않다. 굳이 기준을 만들자면 구글링해서 바로 알 수 있는 정보는 그렇게까지 적극적으로 받아들이지 않는다는 정도랄까? 다양한 분야에 관심을 두고, 방대한 정보를 받아들이는 작업을 계속 반복하는 동안에 자신에게 필요한 양질의 정보를 감각적으로 알 수 있게 된다고밖에 말할 방법이 없다.

이는 국어의 장문 독해 문제와 비슷하다. 많은 문장을 읽어 온 사람은 '이 문장의 핵심은 어디인가?'라는 물음에 즉시 대답할 수 있지만, 어째서 그곳이 핵심인지를 설명하라고 묻는다면 대답하지 못할 것이다. '여기가 핵심이기 때문에……'라고밖에 말할 방법이 없다. 어쨌든 정보의 양을 늘려서 그런 감각을 얻을 수 있도록 해야 한다.

내가 1년 9개월 동안 수감되어 있을 때는 들어오는 정보량이 매우 줄어들어 버렸다. 읽고 싶은 서적이나 유력지를 지인에게 부탁해 면회 때 들어오는 것 외에도 메일 매거진이나 블로그를 출력해서 읽는 등 효율적인 읽기 방법을 여러모로 궁리했다. 평일에는 하루 4시간 정도의 독서 시간이 주어졌는데 책을 1,000권 읽고, 그때 생각한 것을 《인터넷이 연결되지 않아서, 어쩔 수 없이 책을 1,000권 읽고 생각했다》라는 책에 정리했다.

어떤 사람들은 정보를 차단하고, 찬찬히 생각을 정리함으로써 좋은 아이디어가 나온다고들 하는데, 나는 이 의견에 반대다.

받아들이는 정보가 줄어든다고 좋을 것은 아무것도 없다. 많은 정보를 받아들이면 무의미한 정보도 많이 들어오겠지만, 절대적인 정보량은 늘어난다. 어떻게 양질의 정보 비율을 늘릴지가 문제이지, 정보를 차단한다고 좋은 아이디어가 떠오르는 것은 아니다.

'무심결에 항상 뉴스를 보고 있는데…….'라든지 '정보만 받아들인들 아무것도 되지 않는다.'라고 하는 사람들도 결국 받아들이는 정보가 적을 뿐이다. 인터넷 정보통이라고 자부하는 사람이라도 아마 나보다 한 자릿수 정도는 정보량이 부족할 것이다. 정보를 받아들이는 자세는 상관없다. 얼마만큼의 정보를 효율적으로 받아들이는지, 즉 양과 속도의 문제일 뿐이다.

▶▶▶ 정보를 외우지 마라!

"그렇게 많은 정보를 받아들이면 머리가 터져 버리

지 않을까요?"라고 물어보는 경우도 있다.

여기서 많은 사람이 오해한다. 각각의 정보는 기억하는 것이 아니라 그냥 샤워기에서 나오는 물처럼 맞으면 된다.

정보는 한 번 받아들이면 그대로 잊어버려도 상관없다. 그러면 정보를 받아들이는 의미가 없지 않으냐고 생각할 수도 있는데, 본인이 잊어버릴 작정이었더라도 중요한 정보는 뇌의 한쪽 구석에 확실하게 남아 있다. 중요한 정보만이 제대로 남아 있는 것이다.

많은 양의 정보를 뇌라는 서랍에 일단 전부 쑤셔 넣어라. 그렇게 하면 어떤 계기로 서랍 속 정보와 정보가 딱 연결되면서 새로운 아이디어가 생겨난다. 창업 아이디어는 머리를 쥐어 짜내면서 생각하는 것이 아니다. 평소에 정보를 샤워하듯이 맞아 버릇하면 아이디어는 얼마든지 솟아난다.

사고법과 같은 거창한 것도 아니다. 그저 정보를 서로 연결해 갈 뿐이다.

예를 들면, 크라우드 펀딩으로 홋카이도 사슴의 생햄(고깃덩어리를 가열하지 않고 자연 숙성시켜 만든 햄)을 만드는 프로젝트가 그렇다. 나는 생햄을 좋아해서 그것을 직접 만들어 보고 싶었다. 소개받은 친구의 친구가 홋카이도 사슴 전문가였다. 그래서 예전부터 알고 지냈던 식육 가공 업자를 소개받았다. 이처럼 호기심과 정보만 있으면 다른 특별한 것은 아무것도 필요 없다는 사실을 이해했을 것이다.

일이나 그 밖의 과제에 관해서도 특별히 책이나 사고법을 사용하지는 않는다. 평소 정보를 받아들이고 있으면 머릿속에서 대책이 저절로 세워진다.

양이 질을 만드는 것이며, 그 반대의 경우는 성립하지 않는다.

나는 최근에 인공 지능이 주목받는 것 역시 정보의 '양', 특히 실패의 데이터베이스에 의한 요인이 크다고 본다.

음성 인식이나 번역은 기계가 잘하지 못한다고 여기던 분야인데, 최근 몇 년 새 인식률이나 정밀도가 급속도로 향상됐다. 아이폰의 시리(Siri)처럼 스마트폰에도 인공 지능 기술을 응용한 음성 인식 기능이 탑재되어 실용적으로 사용되고 있다.

이것이 가능해진 이유는 IT 기술의 발달로 방대한 데이터를 모을 수 있게 되었기 때문이다. 수만, 수억 개의 데이터를 분석하고, 그로부터 잘 인식이 되지 않던 실패 데이터를 잇달아 걸러 낸다. 그렇게 하면 정답 확률이 높은 데이터가 남으면서 더욱 정답에 근접해진다. 방대한 데이터가 있었기에 비로소 번역이나 음성 인식 문제의 타개책이 생겨난 셈이다.

인간의 뇌 속에서도 똑같은 현상이 일어나고 있는 것이 아닐까? 매일 뇌에 입력되는 정보량이 임계값(경계가 되는 값)을 넘으면 뇌 속에서 정보의 네트워크가 형성되면서 어떤 식의 출력을 발생시키게끔 되어 있을지도 모른다.

외국어 음성이 흘러들어 오는 환경 속에서 지내다 보면 조금씩 단어를 기억한다. 많은 단어를 접함으로써 뇌 속에서 단어와 단어가 조합되어 출력이 생겨난다. 인간의 뇌는 흘러들어 오는 방대한 정보에서 뭔가 의미를 끄집어내는 데 탁월한 것인지도 모른다.

물론 뇌의 정보 처리 능력에는 다소의 개인차가 있을 테지만, 기본적으로 신경망의 구조는 인간이라면 거의 동일하다. 나는 방대한 정보가 주어진다면 누구라도 뇌 안에서 정보의 결합이 생겨난다고 보고 있다.

▶▶▶ 대량으로 출력하고 '스스로 생각하기'를 반복하라

대량의 정보가 뇌에 정착되고 어떤 계기로 정보끼리 결합이 발생한다. 이 과정을 최대한 효과적으로 수행하려면 출력하기와 스스로 생각하기의 반복을 빼

놓을 수 없다.

출력의 경우 다이어리에 적거나 남에게 말해도 되지만, 요즘 같으면 트위터나 페이스북과 같은 SNS나 블로그가 가장 빠른 길일 것이다. 문장을 쓸 때는 꼭 무리하게 장문을 쓰려고 하지 않아도 된다. 나는 뉴스 큐레이션 앱을 통해 관심을 갖게 된 뉴스에는 내 홈페이지인 'HORIEMON.COM'에 짧은 코멘트를 달고 있다.

관심 가는 정보와 그때 떠올린 생각을 코멘트로 적고 나면 그다음에는 얼른 잊어버린다. 잊어버린 정보는 대단한 것이 아니기 때문에 역시 이쪽도 신경 쓸 필요는 없다.

자기 의견이 잘 출력되지 않는다며 고민하는 사람도 있는데, 그건 단순히 입력되는 정보량이 충분하지 않을 뿐이다. 입력량과 속도를 증가시키면 저절로 출력량과 속도도 증가하며, 자기 나름대로 매사를 보는 힘이 저절로 솟아오른다. 머리를 써야 할 부분은 자신의 생각을 어떻게 쥐어 짜내느냐가 아니라 입력량과 속도를 어떻게 향상시킬 것이냐.

그리고 일상의 습관으로서 '생각하기'를 반복해라. 스마트폰을 쓰지 못하는 상황이든, 시간이 몇 초밖에 없든지 간에 생각하는 것은 가능하다. 생각하는 것은 뭐라도 좋다.

당연하게 반복하고 있는 일상의 루틴을 개선할 수 없을까? 가게에서 받은 서비스가 훌륭했다면 뭐가 좋았을까? 좋지 않았다면 어떻게 개선하면 될까? 뉴스에서 소개되었던 신제품을 업무상 과제를 해결하는 데 사용할 수 없을까?

정보를 입력하고 출력하며 '생각하기'를 반복해라. 그냥 멍하니 있지 말고 자기 시간을 사고로 메워 가다 보면 어느 순간 해결책이나 아이디어가 문득 떠오른다. 자신의 뇌를 정보와 사고로 메운다면 쓸데없는 것에 고민하는 여유 따위는 사라져 버릴 것이다.

▶▶▶ 인간관계의 신진대사를 도모하라

 방대한 정보를 반복해서 입·출력하고, 뇌 속의 신진대사가 활발하도록 유지해라. 그렇게 함으로써 자기 안에 존재하는 고정 관념에서 자유로워지며, 새로운 발상을 만들어내는 것이 가능해진다.

 마찬가지로 나는 인간관계에서도 신진대사를 강하게 의식한다.

 매달 새로운 지인을 한 명 만든다든지, 연령이나 성별, 배경이 다른 사람과 사이좋게 지낸다든지 하는 것이다.

 나도 그렇지만 사람들 대부분은 무의식중에 같은 사람과 행동을 함께한다. 안정된 인간관계를 구축하고, 그 관계를 계속해서 이어가려는 것이다. 같은 친구, 같은 직장 동료, 같은 취미 동호회 등이 그렇다. 하지만 같은 인간관계 안에서는 새롭게 두근거릴 일이 좀처럼 생기지 않는다. 오히려 별난 굴레가 생겨나 자신의 행동이나 생각이 구속되어 버린다.

그렇다면 이제까지와는 전혀 다른 스타일의 지인을 매달 한 명이라도 만들면 된다. 이제까지 만난 적 없는 사람과 지인이 되면 그 관계에서 다시 새로운 뭔가가 생겨난다.

새로운 만남을 찾아내기란 간단하다. 인터넷을 보면 매일 어딘가에서 뭔가의 이벤트가 진행되고 있을 텐데, 거기에 참가하면 된다. 지금까지 가 본 적 없는 술집이나 레스토랑에 가 보는 것도 좋을 것 같다. 그런 마음가짐이라면 새로운 지인 등은 얼마든지 생긴다.

다만, 솔직히 말해 새로운 누군가와 지인이 되는 것은 내게도 번거로운 일이다. 그 사람이 어떤 배경을 지니고 있는지를 물어야 하고, 내가 어떤 사람인지를 전해야 하며, 처음부터 커뮤니케이션해야 하기 때문이다. 오랜 지인처럼 숨소리만 들어도 알 수 있는 것은 아니기 때문에 어쨌든 피곤하다. 새로운 만남의 장에 나갈 때 두근두근하는 기분과 동시에 '아, 귀찮아.' 하고 생각하는 내 모습도 있는 것이다.

그러니 새로운 만남의 장에는 반드시 가기로 **'정해놓고'** 있다. 정했으니까 간다. 이는 새로운 것을 할 때도 공통되는 사항인데, 정했으면 '하는' 것뿐이다.

번거롭다는 마음이 생긴다 해도 무시한다. 장소에 나가서 자기소개를 하는 등의 과정을 거치는 사이에 어느새 번거롭다는 마음도 잊어버린다.

대개 만남은 즐거운 법이다. 그리고 그 즐거운 것이 중요하다.

'지금 바로 하는 것'이야말로 최대의 최적화

▶▶ 극한까지 바쁘게 하라

마지막으로, 시간을 쓸데없이 보내지 않기 위해 중요한 것이 있다.

그것은 바로 '극한까지 바쁘게 하라.'는 것이다.

바쁘고 정신없다며 투덜대는 사람 치고 나보다 바쁜 사람은 이제까지 본 적이 없다.

항상 바쁘다는 당신은 하루를 어떤 식으로 보내고 있는가?

아침에 일어나서 아침 식사를 하고 몸단장을 한다. 만원 전철에 흔들려 가며 회사로 향한다. 어떻게든 정시에 일을 마치려고 했는데, 결국 야근이다. 선술집에서 늦게 저녁을 때운 다음 전철을 타고 귀가한다. 게임을 조금 하고 나서 잠자리에 든다.

본인이 아무리 바쁘다고 느끼더라도 내가 봤을 때 이런 하루는 구멍이 숭숭 뚫려 있고, 너무나 여유롭다. 그런 24시간 중에 당신은 대체 얼마만큼이나 하고 싶은 것을 할 수 있었는가?

모순된 것처럼 들릴지도 모르겠는데, 시간을 유효하게 활용하기 위해서 우선 필요한 것은 바쁘게 하는 것이다. 바쁜 척을 하라는 말이 아니라, 정말로 바빠지게끔 자기 자신을 몰아붙이라는 말이다.

자기가 하고 싶은 것은 우선순위 따위를 정하지 말고 닥치는 대로 해라.

가고 싶은 장소나 이벤트에 가고, 만나고 싶은 사람

과 만나고, 먹고 싶은 음식을 먹어라.

분명 당신은 지금도 이렇게 바쁜데 일정을 더 집어넣으라니 도저히 무리라고 말할 것이다. 하지만 어째서 해 보지도 않았는데 무리라는 것을 아는가? 피곤하다 싶으면 거기서 멈추고, 자 버리면 된다.

돈이 없다? 나는 지금 돈 쓰라는 말을 하는 것이 전혀 아니다. 하고 싶은 것을 하는 데 돈은 필요하지 않다는 것은 앞서 설명한 대로다.

한계까지, 하고 싶은 것을 하려고 해라. 그렇게 해야 비로소 시간을 어떻게 사용하면 좋을지가 보이게 된다. 딱히 하는 것도 없으면서 시간을 효율화하겠다고 한다면 그것이야말로 시간의 낭비가 되는 셈이다.

▶▶ 장기적인 비전 따위는 무의미하다

시간을 효율적으로 쓰겠다면 '지금 해야' 한다.

나는 꿈이라든지 장기적인 비전과 같은 말이 이해가 잘 되지 않는다.

'5년 후에 ○○를 하고, 10년 후에 △△가 되겠다.'

어째서 그런 장기적인 비전을 세우는 것이 필요한가? 그래야 바람직한가?

장기적인 비전이라는 말도 결국은 변명이다. 하고 싶은 것이 있으면 지금 바로 착수해서 '가능한 한 빨리' 실현해라. 그게 전부다.

내가 로켓 엔진을 개발하고 있다고 하면 "장대한 꿈이군요.", "어떤 장기적인 비전을 갖고 계십니까?"라는 말을 들어서 매번 질려 버린다.

개발하는 이유? 지금 바로 하고 싶어서다. 나는 '언젠가는 이루어질지도 모르는 꿈'을 위해 로켓 엔진을 개발하고 있는 것이 아니다. 그런 것을 물어보는 사람에게는 "뭔가 지금 바로 하지 못할 이유라도 있습니까?" 하고 되묻고 싶을 정도다.

나는 지적 생명체가 있는 다른 항성계에 가고 싶다. 지금 바로 말이다. 그래서 최단 루트나 가장 효율 높은 수단을 생각해서 실현을 향해 행동하고 있다.

종래보다 압도적으로 비용이 저렴한 로켓이 만들어진다면, 가볍게 우주로 나가려는 사람이 늘어날 것이다. 시장이 형성되면 참여자도 늘어나 더욱 비용이 저렴한 로켓도 만들 수 있게 될 것이고, 관련 서비스도 잇달아 등장할 것이다.

시간은 누구에게나 평등하다. 그러니 나는 언제나 최단 거리로 '가능한 한 빠르게' 하고 싶다. 그것이야말로 최적화다. 예전에 나는 TV 방송국을 인수하려고 했는데, 그것도 TV와 인터넷이 융합된 재미있는 서비스를 만들기 위해서는 TV 방송국을 사는 것이 최단 루트였다고 생각했기 때문이다. 뭐든지 최적화해서 시간을 단축하는 것이다.

다들 시간을 낭비하고 있지는 않은가?

시간은 유한하다. 한가롭게 장기적인 비전이나 세우다니, 도무지 시간 낭비밖에 되지 않는다.

● 제4장의 키워드 ●

하고 싶은 것이 있으면 '지금' 하라!

진심으로 산다

•

제5장

진심으로 살기 위해 필요한 것

▶▶▶ 도전을 위한 허들이 낮아졌다

'하고 싶은 것을 찾아내어 흐름과 느낌에 따라 도전할 뿐이다.'

내가 지금까지 이 책에서 말한 내용을 곰곰이 따져보면, 고작 이게 전부다. 너무나도 심플해서 상세한 성공 법칙을 기대하며 읽은 독자는 김이 빠질 것이다.

요즘은 하려면 뭐든지 할 수 있는 꿈같은 시대다. 분명 세상에는 비참한 상황에 놓인 나라도 많지만, 적어도 우리나라는 그렇지 않다.

사회는 안정되어 있고, 모든 면에서 고도의 인프라가 정비되어 있다. 누구나 인터넷에 접근할 수 있다. 현재 우리나라에 태어났다는 것만으로도 처음부터 복권에 당첨된 것과 같은 상황이다.

예전에는 뭔가에 도전하려면 갖가지 허들이 존재했다. 집안이나 학력, 재산, 재능, 인맥, 경험, 자격, 교양

등이 그렇다.

 이제 그런 것은 무엇 하나 갖고 있지 않아도 된다.

 예를 들면, 초밥집을 개업하고 싶다고 치자. 엄격한 스승 밑에서 10년 이상 가르침을 받고, 돈을 모아 스승의 허락을 얻어 다른 곳에 가게를 내는 것이 이제까지의 상식이었는데, 확실히 말해 이런 방식은 이제 난센스다.

 제대로 된 초밥 만드는 법을 가르쳐 주는 학원은 찾아보면 얼마든지 있다. 2~3개월만 투자하면 그럴싸하게 초밥을 만들 수 있게 될 것이다.

 가게를 내는 것 또한 국내에 한정하지 말고, 해외로 눈을 돌리면 된다. 조금만 알아보면 일본 요리가 유행이 된 나라나 지역을 바로 알 수 있다. 어떻게 해서 가게를 빌릴지나 사들일지도 인터넷에서 알아보거나, 지인의 소개를 받아 정통한 사람에게 물어볼 수도 있을 것이다. 연줄의 도움을 받아 저렴한 가격에 가게를 빌릴 수 있을지도 모른다. 경영 지식이 없다면 다른 사람에게 배우면 된다.

▶▶ 남이 하고 있는 것을 철저하게 따라 하고 개선하라

더할 나위 없이 주어져 있는 세상에서 도전하기 위한 문턱은 매우 낮아졌다. 특별한 것은 아무것도 필요 없다. 재능조차도 그렇다.

"하지만 남을 움직이게 하려면 남을 끌어당길 만한 캐릭터나 매력이 필요하지 않아요?"

확실히 소셜 미디어상에는 팔로워가 많은 인기인이 있다. 그렇다면 그런 사람들은 태어날 때부터 특별한 캐릭터나 매력을 갖고 있었을까?

그런 것은 관계없다.

커다란 이벤트나 프로젝트에 사람이 움직이는 것은

단순히 그 기획이 재미있기 때문이다.

그렇다면 재미있을 것 같은 기획을 런칭해서 많은 사람을 끌어당기려면 어떻게 하면 될까?

답은 간단하다. 재미있는 기획을 런칭해서 많은 사람을 끌어당기고 있는, 잘 나가고 있는 사람을 따라 하면 될 뿐이다.

'자기 스타일과 다르다.'든지 '따라 하는 것은 촌스럽다.'처럼 시답잖은 자존심은 버리고, 본보기가 되는 사람이 하고 있는 것을 철저하게 따라 하고 개선을 반복해라.

본보기가 되는 사람은 인터넷이든 현실이든 어디에나 있다. 조금이라도 좋아 보인다면, 망설이지 말고 따라 하면 된다.

나 자신도 이런 방식을 우직하게 계속하고 있다.

예를 들면, 내 메일 매거진인 '호리에 다카후미의 블

로그에서는 할 수 없는 이야기'는 2010년 2월에 개시해서 10개월 만에 회원이 1만 명을 돌파하고, 이후에도 순조롭게 회원 수를 늘리고 있다. 하지만 유료 메일 매거진이라는 비즈니스 모델은 딱히 내가 떠올렸던 방식이 아니다.

인기를 끌고 있는 유료 메일 매거진을 구독하고, 어떤 기획이 호평인지, 어떤 식으로 제작하고 있는지를 따라 하여 내 메일 매거진에 도입했다. 다른 메일 매거진을 참고로 해서 기획을 충실하게 만드는 한편으로 제작 절차도 개선을 거듭했다. 내 메일 매거진은 분량이 방대해서 남들이 보면 "메일 매거진 작성에 대체 몇 시간이나 걸려요?"라며 놀라는 경우가 있는데, 나 자신이 수고를 들이지 않아도 되게끔 시스템을 구축해 왔기 때문에 가능한 일이다.

재미있는 것을 하고 있고, 자기가 하고 싶은 것과 근접한 일을 하고 있는 사람의 활동을 차분히 관찰하며,

우선 똑같이 따라서 해라. 그리고 더욱 재미있게 하려면 어떻게 해야 좋을지, 더욱 노력을 들이지 않고 하려면 어떻게 해야 좋을지를 고민해서 개선을 거듭해라.

롤 모델이 될 수 있는 사람은 자기 활동을 적극적으로 공개한다. 콘텐츠를 통째로 갈취하는 것은 논외지만, 잘하는 사람을 따라 하는 것은 가장 빠른 숙달법이다.

▶▶▶ '주고, 주고, 또 주는 것'이 중요하다

정보는 공짜로 얼마든지 얻을 수 있다. 아이디어는 주위에 넘쳐나며 롤 모델이 되는 사람도 그중에 있다.

이만큼 뭐든 얻을 수 있는 혜택 받은 사회에서 단 한 가지 명심해 두어야 할 것이 있다.

바로 '주고, 주고, 또 주는 것', 즉 아낌없이 남에게 주어야 한다는 점이다.

나는 예전부터 내게 주어진 것 이상의 가치를 반드시 상대방에게 주고자 했다. 업무로 말하자면 터무니없다는 생각이 드는 의뢰라도 지혜를 짜내 연구하면서 상대방이 기대하는 이상의 것을 완성해 왔다. 웹사이트 제작도 그렇고, 비즈니스 컨설팅도 그렇다.

최근에는 내가 주재하는 살롱에서 게스트를 초대해 대담하는 기회도 늘렸다. 바쁜 게스트를 일부러 살롱까지 발걸음을 옮기게 했으니, 게스트가 손해 보지 않게끔 반드시 어떤 식으로든 보상을 얻을 수 있도록 항상 배려하고 있다.

내가 발행하고 있는 메일 매거진도 그렇다. 한 달 금액 864엔에 매주 발행하는데, 담겨 있는 가치는 864엔 이상이다. 예를 들어, 메일 매거진 중에 비즈니스 모델을 매회 몇 개씩이나 소개하고 있는데, 어떤 아이디어든 연간 수백만 엔부터 수천만 엔 정도 수익을 올릴 비즈니스로 성장할 만한 것을 선보일 작정이다.

비즈니스의 기본은 받은 금액 이상의 가치를 상대

방에게 제공하는 것이다. 이는 꼭 일이 아니더라도 변하지 않는 사실이다.

생각해 보면, 내가 자주 만나고 싶은 사람은 하나같이 씀씀이가 시원시원하다. 항상 만날 때 내게 뭔가를 준다. 씀씀이가 좋은 사람과 만나면 '나도 줘야지.' 하는 기분이 든다. 그런 사람들이 주는 것은 정보이기도 하고, 그 사람이 아니면 얻을 수 없는 식견이기도 하다. 정말 가치 있는 정보를 아낌없이 시원하게 알려 주는 모습을 보면 솔직히 '대단하다.' 하고 존경심이 생긴다.

반대로, 남에게 받기만을 기대하면서 자기는 아무것도 주려고 하지 않는 사람들과는 소원해진다. 예전부터 업무상 남들이 나에게 기대는 경우가 많았는데, '뭔가 해 주었으면 한다.'고 울며 애원하기만 하는 사람은 정말로 귀찮다. 나는 그에게 뭔가를 받을 생각이 없는데, 그 사람이 내게 일방적으로 기대는 상황은 솔직히 마음이 불편하다.

곤란할 때 누군가를 의지하는 것은 부끄러운 일이 아니다. 하지만 그저 '도와줬으면 좋겠다.'며 매달린다면 잘못된 방법이다. 의지하는 대신에 얼마든지 상대방에게 최선을 다할 수는 있을 것이다. 그것은 상대방이 관심을 가질 법한 정보를 이야기하는 것일 수도 있고, 잡일을 도와주는 것일 수도 있다. 혹은 단순히 농담으로 재미있게 해 주는 것일 수도 있다.

무엇을 해야 상대방이 기뻐할지를 생각해서 최선을 다해라. 그런 상대방이 꼭 눈앞에 있는 사람이라고 한정할 수는 없다. 거래처인 경우도 있는가 하면 인터넷상의 지인인 경우도 있을 것이다.

상대방에게 최선을 다하면 다할수록 그것은 자신에게 돌아온다. 애초에 보상을 기대하고, 그것을 얻지 못했다고 해서 화를 내는 것은 이상한 이야기지만 말이다.

예전부터 전해오는 '남에게 인정을 베풀면 반드시 내게 돌아온다.'는 속담은 그저 허울 좋은 표현이 아닌 진실인 것이다.

▶▶ 가치의 지표는 실사용자의 수

나는 앞으로 주목해야 할 지표 중 한 가지가 '실사용자 수'라고 생각한다.

인터넷 서비스 세계에서는 실사용자라고 하는 키워드가 자주 등장하는데, 이는 해당 서비스에 가입했을 뿐만 아니라 일상적으로 이용하고 있는 사용자를 가리킨다.

창업 이래로 적자를 내고 있는 인터넷 서비스 스타트업 기업이 수천억 엔이나 되는 가격에 대기업에 인수되는 일도 최근에는 드물지 않다. 이상하게 여겨질지도 모르겠지만, 그런 경우 높은 평가의 이유는 실사용자 수 때문이다.

실사용자 수가 많다는 말은 그 서비스가 사용자에게 이미 필수 불가결하게 되었다는 것을 의미한다. 서비스를 제공하는 기업과 사용자 사이에 형성된 결합의 강도를 나타내는 수치가 바로 실사용자 수라고 할 수 있다.

예전에는 실사용자 수가 많아도 제대로 매출을 올려 이익을 내지 않으면 의미가 없다고 여겨졌다. 하지만 지금은 상황이 다르다. 실사용자 수를 많이 확보해두고 있으면 수익 창출은 그리 어렵지 않다. 광고를 게재해서 수입을 얻거나, 돈을 지불하는 사용자에게 프리미엄 서비스를 제공하는 등 방책은 얼마든지 있다.

그리고 이런 '실사용자 수'는 개인에게도 중요한 지표가 되고 있다.

예를 들어, 트위터의 팔로워 수는 얼마만큼의 사람이 당신에게 관심을 두고 있는지를 보여준다. 인터넷이 이만큼 보급되기 전에는 유명인의 경우 실사용자 수를 TV 출연 빈도나 저서의 판매 부수 등을 통해 어느 정도 알 수 있었지만, 이제는 무명인 사람의 영향력도 가시화되었다. 매스컴적으로는 무명이라도 팔로워가 많은 사람은 강력한 발언력을 지닌다. 더구나 그런 영향력은 인터넷에만 한정되지 않는다.

사회 평론가인 오카다 도시오 씨와도 이야기했지만, 트위터에 팔로워가 100만 명 있으면 사회적 움직임의 계기를 만드는 것이 가능하다. 팔로워가 그만큼 있다면 1억 엔 규모의 비즈니스 정도는 쉽게 해나갈 수 있을 것이다.

하지만 그 반대는 어렵다. 1억 엔으로 100만 개의 더미 계정(실체가 없는 가짜 계정)을 살 수는 있겠지만, 그것으로 당신에게 관심을 가질 실사용자를 늘릴 수는 없다. 현실의 돈보다 인터넷상의 실사용자 수 쪽이 강한 힘을 가지게 된 셈이다.

▶▶ 의욕만 있다면 정치가도 될 수 있다

하려고 마음먹으면 뭐든지 할 수 있고, 뭐든지 될 수 있다. 정치가가 되는 것도 불가능한 일은 아니다.

그것을 상징적으로 보여준 일이 2014년의 도쿄 도지사 선거다. 사업가인 이에이리 가즈마 씨가 입후보해서 '쉴 곳이 있는 거리를 만들고 싶다.'는 공약을 내세운 것이다. 이에이리 씨는 사업적으로는 유능하지만, 어쩐지 믿음이 가지 않는 면도 있었다. 하지만 그런 까닭에 주변에 사람이 모여 지원해 주었고, 무엇보다 이에이리 씨는 생각한 것을 바로 실행할 수 있는 힘을 갖고 있었다.

사업가치고는 돈이 별로 없었던 이에이리 씨에게

나를 포함한 지원자가 돈을 빌려줘서 공탁금은 어찌어찌 낼 수 있었다. 크라우드 펀딩을 통해 선거 자금을 모으고, 응원단도 생기면서 일종의 움직임을 불러일으킬 수 있었다.

유감스럽게도 결과는 16명 중 5위로 낙선이었지만, 9만 표라는 득표수는 무시할 수 없는 임팩트가 있다.

물론 나를 포함해 지명도가 있는 사람이 이에이리 씨를 응원한 면은 있다. 하지만 이에이리 씨 본인은 돈도 없고, 선거 노하우도 없다. 상식적인 지명도가 높았던 것도 아니다. 그저 의욕만 있었을 뿐이다. 그런 의욕이 주위를 말려들게 하면서 움직임을 만들어 갔다.

의욕만 있으면 무엇 하나 가지고 있지 않아도 정치가가 될 수 있다. 그것을 보여줌으로써 앞으로는 정치에 도전하는 사람도 늘어나리라 기대하고 있다.

▶▶▶ AI의 발전은 오히려 환영할 일이다

최근 인공 지능(AI)이 이슈가 되면서 인간의 일이 기계로 대체되어 버리는 것이 아닌가 하는 비관론도 있다.

확실히 지금까지도 대부분의 일은 기계에 의해 대체되어 왔다. 자동차가 등장함으로써 파발꾼이나 가마꾼은 없어졌고, 마부의 일자리도 없어졌다.

하지만 그 대신 자동차를 제조하는 산업이 생겨났고, 운전사라는 직업이나 택배, 렌터카와 같은 비즈니스도 탄생했다. 일이라는 것은 멋대로 생겨나는 법이다.

주위를 잠시 둘러봐도 20년 전에는 없었던 일자리가 몇 개씩이나 생겨났다는 사실을 깨달을 것이다. 블로거나 유투버(youtuber)처럼 개인이 미디어를 운영하는 일도 가능해졌다.

기계는 인간의 일을 빼앗는다기보다 번거로운 일을

대신 해 주고 있을 뿐이다. 예로부터 방대한 일손이 필요했던 농사일도 요즘은 기계가 거의 다 해 준다. 가사의 부담도 기계화에 의해 현저히 줄어들었다. 요즘은 일부러 우물에서 물을 길어오고, 불을 지펴 밥을 지을 필요가 없다. 밥솥의 스위치를 누르면 누구나 밥을 지을 수 있고, 외식할 수 있는 가게는 얼마든지 있다. 전자동 청소 로봇도 보급되고 있다.

앞으로도 이런 경향은 한층 더 진행되어 갈 것이다. 로봇이 노동을 대신해 주니 인간은 빈 시간에 좋아하는 것을 할 수 있다. 매출이나 경제 성장을 목표 삼아 마지못해 일에 힘쓰는 것이 아니라, 앞으로는 취미와 일의 경계가 점점 모호해질 것이다.

이는 먼 미래의 이야기가 아니다. 지금까지 내가 설명해 온 것처럼 발상을 전환하기만 해도, 하고 싶은 것을 하면서 인생을 즐겁게 살아가기 위한 환경은 이미 갖추어져 있다.

▶▶▶ 새로운 근무 방식과 학습 방식을 실현하라

세상은 점점 재미있어지고 있다. 그렇다면 더더욱 가속도를 붙여 세상이 재미있어지는 구조를 만들 수는 없을까?

라이브도어 시절, 나는 내가 하고 싶은 것을 하기 위해 사원들에게 급여를 지급했다. 하지만 조직을 만들어 운영하고 관리하는 일은 이제 번거롭기도 하고, 한 번 했던 것을 반복하자니 재미가 없다. 요즘 시대라면 회사를 만드는 것과는 다른 방법으로 하고 싶은 것을 실현할 수 있지는 않을까?

의욕을 가진 사람들이 모여 자발적으로 프로젝트가 만들어지고 진행되어 가는 곳. 그것이 회원제 유료 커뮤니케이션 살롱인 '호리에 다카후미 살롱'이다.

호리에 다카후미 살롱에는 창업가나 투자가, 사업가나 기술자 등 의욕 있는 사람들이 참여해 정보를 교환하고, 서로 교류하고 있다. 살롱 안에는 수십 개의 그룹이 있으며, 회원이 주체적으로 활동하고 있다.

앞서 설명했듯이 나는 메일 매거진으로 매주 몇 개나 되는 비즈니스 아이디어를 소개하고 있는데, 그중 몇 개 정도를 살롱의 그룹에서 실제 비즈니스로 추진 중이다. 관심은 있지만 내가 직접 사업화하기까지는 애매한 소규모 비즈니스는 얼마든지 있다. 이 경우 나는 개요만 멤버들에게 설명하고, 멤버 스스로 어떻게 해야 좋을지를 고민하면서 도전해 가는 식이다.

예를 들어, 그룹에서 연구하고 있는 프로젝트 중 하나로 드론 레이싱이 있다.

드론이란, 말하자면 '하늘을 나는 스마트폰'이다. 콤팩트한 몸체 안에 저소비 전력인 고성능 CPU, 정밀도가 높은 센서 같은 모듈이 채워져 저렴한 가격에 제공되고 있다. 그런 디바이스가 전화가 되면 스마트폰이고, 하늘을 날면 드론이며, 사람과 같은 모양을 하고 있으면 로봇이라는 차이뿐이다. 나는 기술의 진보에 의해 생겨난 디바이스가 사회를 어떻게 변화시킬지에 관해 이전부터 말해 왔는데, 그런 내용은 대학 강의로서도 충분히 통용되는 것으로 생각한다.

나는 드론에 관심은 있지만, 내 노력을 거기에 쏟아붓고 싶지는 않았기 때문에 '드론 레이싱 대회가 열리면 재미있지 않을까?'라고 게임 비즈니스 그룹의 멤버에게 이야기를 꺼냈다. 그랬더니, 하고 싶다고 손을 드는 멤버가 나와 기획이 진행되고, 불과 2개월 만에 도쿄 도내에서 '일본 드론 챔피언십(Japan Drone Championship)'을 개최하게 되었다. 손을 들었던 의욕 있는 멤버는 드론 비즈니스를 자기 손으로 사업화했다는 경험이 생긴 것이다.

그 밖에도 살롱 내에서는 다종다양한 프로젝트를 진행하고 있고, 특이하게도 '호리에 다카후미의 하루를 체험하기'라는 콘셉트의 합숙을 개최하는 모임도 있다. 제4장에서 나는 시간의 최적화를 철저히 지키고 있다고 설명했는데, 바로 그걸 체감하기 위한 학습이다. 1박 2일 일정이지만 합숙 모습을 촬영한 영상을 본 사람이 "3박 4일 합숙이에요?"라고 착각할 정도로 내용이 꽉 차있다. 나는 합숙 프로젝트에 관련해서도 프로그래밍 강좌나 요리 강좌 등 재미있을 법한 내용을 말해 주기만 했고, 실행은 전부 멤버에게 맡겼다.

자기가 주체적으로 프로젝트를 실제로 진행한다. 이런 경험을 거듭함으로써 사람은 성장하고, 더욱 큰 일을 할 수 있게 된다. 실제로 살롱에서 두각을 나타내고, 남을 끌어당기는 능력을 지닌 인재도 육성해오고 있다. 이런 인재가 늘어 갈수록 살롱 전체의 실행력도 높아진다.

최신 기술이나 정보를 접하고, 연구 개발이나 비즈니스 프로젝트를 직접 런칭해서 실행한다. 이는 여태까지 대학이나 기업이 담당했던 기능이다.

솔직히 말해, 일본 사립대학의 가성비는 극히 열악하다. 졸업까지 수백만 엔 이상의 돈을 지불하면서 얻을 수 있는 것은 대졸이라는 학력뿐이다. 대학에서 배운 지식을 활용할 수 있는 사람이 과연 얼마나 될까? 하위 등급 대학을 나왔다면 학력도 도움이 되지 않는다. 대학에 수백만 엔을 지불하느니, 스스로 행동하면서 여러 가지 경험을 해 보는 쪽이 훨씬 의미가 있다.

이제까지는 기업의 리소스를 사용해야 가능했던 프로젝트도 살롱이나 개인적으로 실현 가능해졌다. 신입 사원으로 취직해서, 하고 싶은 것을 할 수 있는 위치가 되기까지 참아가며 시간을 낭비하기보다, 하고 싶은 것이 있으면 지금 바로 시작해 버려라.

무슨 일이든 의욕만 있으면 최첨단 기술을 배워 곧바로 창업할 수 있다. 그런 선택지는 일찍이 없을 정도로 충실해진 오늘날 세상이다.

● **제5장의 키워드** ●

필요한 것은
흐름과 의욕이다.

마치며

거듭 강조하지만, 이 세상에서 가장 귀중한 자원은 시간이다. 시간만 유효하게 사용할 수 있으면 자기가 하고 싶은 것은 뭐든 이루어낼 수 있다.

한편, 시간을 낭비하기란 쉽다. 변명을 하거나, 누군가의 변명을 듣는 동안에 귀중한 시간은 순식간에 흘러간다. 그럴 시간에 새로운 도전이 얼마든지 가능한데도 말이다.

일본의 국민 로커 야자와 에이키치 씨가 말했듯이, 결국 세상에는 '하는 놈'과 '하지 않는 놈'밖에 없다.

그걸 알면서도 주위의 시선이 의식된다며 움직이지 못하는 사람이 너무나도 많다.

자신의 인생을 어째서 남이 결정해 줘야 한다는 말인가?

그게 아니면, 남이 결정해 줬으면 하는가?

내가 실천하는 것은 너무나 간단해서, 특별한 것은 아무것도 없다. 그저 노력을 거듭할 뿐이다.

하지만 이 책에 적어 준 내용을 실천한다면 반드시 뭔가가 바뀔 것이다.

납득하지 않으면 행동으로 옮기지 않는 사람도 있겠지만, 세상은 엄청난 기세로 앞으로 나아가고 있다. '납득하고 나서'라는 시간조차 아깝다.

한 마디로 '변명하는 놈은 떠나라.'는 말이다.

그리고 근본적으로 내 생각은 '세상에 그렇게 나쁜 사람은 없다.'는 것이다.

짜증이나 화가 치밀게 만드는 사람도 있지만, 그뿐이다. 자기 인생하고는 아무 관계도 없다.

그러니 신경 쓰지 말고, 당신이 하고 싶은 것을 하기 바란다.

2015년 11월 호리에 다카후미

참고 문헌

《결사항전》호리에 다카후미 지음 (2010, 국내 미출간)

《나의 신》고지마 게이코 지음 (2015, 국내 미출간)

《나의 투쟁》호리에 다카후미 지음 (2015, 국내 미출간)

《당신이 아저씨가 되기 전에》호리에 다카후미 지음
(2010, 국내 미출간)

《돈 버는 것이 이기는 것이다》호리에 다카후미 지음
(2005, 하서출판사)

《미움받을 용기》기시미 이치로, 고가 후미타케 지음
(2014, 인플루엔셜)

《부자가 될 방법은 있는데 넌 부자가 돼서 뭐하게?》
호리에 다카후미 지음 (2013, 황금부엉이)

《역전의 업무론》호리에 다카후미 지음 (2015, 국내 미출간)

《인터넷이 연결되지 않아서, 어쩔 수 없이 책을 1,000권 읽고
생각했다》호리에 다카후미 지음 (2013, 국내 미출간)

《제로》호리에 다카후미 지음 (2014, 크리스마스북스)

《죽는 게 어떤 겁니까?》세토우치 자쿠초, 호리에 다카후미 지음
(2014, 국내 미출간)

《호리에몽과 오타킹이 돈에 집착하는 당신의 삶을 바꿔 주마!》
호리에 다카후미, 오카다 도시오 지음 (2014, 국내 미출간)

《100억 버는 업무술》호리에 다카후미 지음 (2003, 국내 미출간)

《2014년 일본의 광고비》덴쓰 펴냄 (2015, 국내 미출간)

《31세, 100억 버는 이메일형 인간》호리에 다카후미 지음
(2004, 삼각형프레스)

옮긴이 류두진
한국산업기술대학교를 졸업했다.
바른번역 아카데미에서 일어 출판번역 과정 수료 후 소속 번역가로 활동 중이다.
(사)한국번역가협회가 주관하는 신인번역장려상을 수상하면서
본격적으로 번역 세계에 입문했다.
오늘보다 더 나은 내일을 만드는 책의 힘을 믿으며,
독자들에게도 그 기쁨을 전하고자 일본도서 소개와 번역에 매진하고 있다.
옮긴 책으로는 《98%의 미래, 중년파산》, 《전설이 파는 법》, 《반응하지 않는 연습》,
《머리가 새하애질 때 반격에 필요한 생각정리법》, 《3색 볼펜 읽기 공부법》,
《7번 읽기 공부법》이 있다.

단 한순간도 후회 없이 사는 굳건한 삶
진심으로 산다

초판 1쇄 인쇄 2016년 11월 15일
초판 1쇄 발행 2016년 11월 22일

지은이 호리에 다카후미
옮긴이 류두진
펴낸이 안중용

펴낸곳 비빔북스 **출판등록** 2015년 6월 19일 제2015-000026호
주소 서울특별시 양천구 등촌로 220 정원오피스타운 405호
전화 02-2693-7751 **팩스** 02-2653-7752
이메일 bibimbooks@naver.com

ISBN 979-11-957897-1-9 03320

＊책값은 뒤표지에 있습니다.
＊이 책은 저작권법에 의하여 보호를 받는 저작물이므로 무단 전재와 복제를 금합니다.

이 도서의 국립중앙도서관 출판예정도서목록(CIP)은 서지정보유통지원시스템 홈페이지(http://seoji.nl.go.kr)와
국가자료공동목록시스템(http://www.nl.go.kr/kolisnet)에서 이용하실 수 있습니다.(CIP제어번호: CIP2016027510)